师心·师情·师魂

范向梅 著

中国书籍出版社
China Book Press

图书在版编目（CIP）数据

师心　师情　师魂／范向梅著.--北京：中国书籍出版社，2023.6
　ISBN 978-7-5068-9455-5

Ⅰ.①师… Ⅱ.①范… Ⅲ.①教育工作-文集 Ⅳ.①G4-53

中国国家版本馆 CIP 数据核字（2023）第 118372 号

师心·师情·师魂

范向梅　著

图书策划	许甜甜　成晓春
责任编辑	张　娟　成晓春
装帧设计	书香力扬
责任印制	孙马飞　马　芝
出版发行	中国书籍出版社
地　　址	北京市丰台区三路居路 97 号（邮编：100073）
电　　话	（010）52257143（总编室）（010）52257140（发行部）
电子邮箱	eo@chinabp.com.cn
经　　销	全国新华书店
印　　刷	四川科德彩色数码科技有限公司
开　　本	880 毫米×1230 毫米　1/32
字　　数	180 千字
印　　张	8
版　　次	2023 年 6 月第 1 版
印　　次	2023 年 6 月第 1 次印刷
书　　号	ISBN 978-7-5068-9455-5
定　　价	68.00 元

版权所有　翻印必究

纯粹坚守　坚守纯粹

胡　忠

教师做的是塑造灵魂、塑造生命、塑造人的工作，其本质是培根、育魂、启智、润心。一个人遇到好老师是人生的幸运，一个学校拥有好的领头羊是学校的光荣。

我到教育系统工作的时间不长。说实话，刚到教育局任职，对教师的认识有些肤浅，仅停留在"师者，所以传道授业解惑也"的表面。后来经过一年多的深入接触，我不禁发现，在我们身边有一大批优秀的老师、优秀的校长，他们不仅是"经师"，更是"人师"，真正把教育融入骨髓，渗入血液，用身体和灵魂为教育事业奋斗。

范向梅就是其中的优秀代表。

初识范向梅，是我在宜章县城关镇担任团支部书记时。那年，镇里组织青年开展知识竞赛活动，辖区内七站八所还有镇管的三所学校参赛，十八支代表队均实力不凡。没想到县三完小这支名不见经传的队伍脱颖而出，范向梅在赛场上的沉稳、儒雅和大气给我留下很深的印象。我想，这个青年教师不得了。

因为有了这次好印象，每次当人提起范向梅，我都会特别注意。记得我孩子在宜章县第三完全小学（以下简称"三完小"）

读小学时，范向梅时任分管教育教学的副校长。我那时在乡镇工作，每次回到家与孩子交流，都会听到对范向梅的溢美之词。其实，范向梅并不是我孩子班上的任课老师，但她对工作的细致、对学生的关爱、对教育的执着就像春风一样，遍及校园角落，深入师生心灵。

深入了解范向梅，是我到县教育局工作之后。当时，范向梅在县三完小任党支部书记，我去调研，一走进校园，目之所及，焕然一新，感慨万千。时隔二十多年，县三完小俨然褪去了薄弱学校的外衣，蝶变为一所老百姓认可的优质学校。更令我动容的是，范向梅师范毕业就一直在县三完小工作，33年的坚守，从一名普通数学老师成长为省特级教师，从三尺讲台走向学校党支部书记的领导岗位，她将最美好的青春献给了教育，用最纯粹的师魂坚守着事业，实在难能可贵，更让人心生敬意。

一个优秀的人，就是一粒春天的种子，既要经历寒冬储藏磨砺，也要充满春风化雨、润泽万物的格局。去年秋季，范向梅调整到县教师进修附小任党支部书记。我到学校去调研新班子的履职情况时，她跟我说，想把自己从教几十年的所做所思所感所悟整理成新作，以纪念、以总结、以反思、以借鉴。我当即就肯定了她的想法，认为这是学校之幸、学生之幸、教育之幸。

这段时间，我抽空读完了范向梅的书稿《师心·师情·师魂》，字里行间迸射出来的是，她对教育事业的深情、激情、温情。合上书稿，闭目静思，沉心感悟，范向梅确属平凡而又非凡的优秀代表。平凡的是，她作为全县教育系统的普通一员，与众多老师一样默默坚守；非凡的是，她以纯粹坚守教育初心，以教育初心践行纯粹，并为之坚守、为之追求、为之贡献，成为一面立德树人的鲜艳旗帜，高高飘扬在圣洁的教育天空。

阅读完此书，我深深感悟到，宜章教育发展愿景良好，背后有一批精英打造的师资团队。范向梅历任校长、书记近二十年，从不离开一线教育，同老师们共学共研，以自身的实力唤醒团队的合力，增强学校的活力，提升教学的效力。她的管理有特色有亮点，成为全县教学教研和谐、向上、高效的典范。她所著新作，是学校管理的经典，也是教育教学经验交流的亮点，为今后宜章教育发展增添了几分亮丽的色彩，令人敬佩。以此为序。

青春情怀总是歌

陈荣华

最近一段日子，心里颇不宁静。案头上摆着三部书稿，比对了一下作者的简历，竟然清一色的中师毕业，三十年后，他们的沉甸，他们的积累，没有秤称，没有斗量。

《师心·师情·师魂》的作者范向梅女士，出生在奇秀的莽山脚下，自幼吸天地之灵气，出落得亭亭玉立，秀色可餐。人说，中师出来的都是大歌手，这话我信，因为范女士的青春情怀总是歌。

一

原本不认识范向梅女士的，经全国特级教师谢祚堂搭桥，才有幸目睹了她的风采，才有幸审读了她的文稿，才有幸拥有了感动的情怀。

不错，人生是一卷耐嚼的大书。范向梅女士是用心写书的人，她的《师心·师情·师魂》分为六个篇章，每个篇章都有各自的特色，都有各自的亮点，自成体系。然而，它们却又在"师心、师情、师魂"的统领下，构成一个完整的整体：第一篇章

"党建工作"是一组政治学习的心得体会。讲政治的范向梅女士酷爱校本讲坛,把讲政治当作第一生命,是一位小学校长躬耕人生、兑现信仰的素描与实写。第二篇章为"多维管理"。小学不比中学,面对的都是稚童,亲和力在日常生活、工作中占有重要的地位,这些篇章是她全方位管理学校的写真,彰显出作者的领导才华和领导艺术;第三篇章为"示范引领"。校级领导一般都是学校的教学骨干,都是学校的教育专家,她尤甚。范向梅女士是"泼辣"型的教师,经常把课晒出来,供年轻教师效仿,那是一个标本式的"老把式"常做的工作。从这些课例中可以看出,她备教材,备学生,备自己,凸显她的教育个性和独特风格。第四篇章是"研学议教"。这是一个论文专栏,是她潜心研学的丰硕成果,是一位专家型教研旗手的具体化,令人受益匪浅。第五篇章是"感悟人生"。做一个有温度的教师,让爱与学生同行是远远不够的,还得与家长同行,其执行力强则肯定是不一样的。第六篇章是"木铎心声",通俗地说,就是言传身教,是校内对学生对老师对家长各个场合的即兴发言。

《师心·师情·师魂》一上手就舍不得放下了。也许,你也会和我一样,一口气读它个三回五遍,管它是黑夜还是白天,喜欢才是硬道理。

二

范向梅女士将党建工作做得有声有色。现在的学校,大家都晓得了,为了坚持党的全面领导和社会主义办学方向,上级出台了一系列文件,特别是推行党组织领导的校长负责制改革,作为党支部书记的她就是学校负责人,她切实履行了"培养什么人,怎样培养人、为谁培养人"的目标。

军歌嘹亮！好多人都去过桂东沙田，到那地方上党课，别有一番风味，与此同时，还能赏识那里山清水秀的景致。据说，一到那个时点，游客们蜂拥而至，奔的就是重温红色故事，接受党的再教育，真令人眼热，令人眼馋，她也多次带领党员前往学习。

感悟党员初心的"半条被子"，在宜章早已家喻户晓。老辈人都记得，二十世纪七十年代初期，宜章祁剧团就上演过"半条被子"。这是一个土生土长的故事！那人物，那扮相，那情节，曾动情过不少的男男女女。几十年过去，《光明日报》记者的报道落地汝城，带来的后期效应，带来的教育意义，是有目共睹的，她还找寻足迹深挖背后的故事。

老师们都是有担当的教育人，在教育的长征路上，为孩子们铺长了人生，即使是雨纷纷的清明祭扫，一杯杯的敬英烈，一句句的道廉洁、说自律、树新风，若邓中夏们泉下有知，当足以慰藉平生了。自从党史学习常态化生活化以来，到底交了多少份满意的答卷，连范向梅女士自己都记不清了。一回回，表的都是拳拳之心，殷殷之情。年年岁岁，学童们都是这样走着，三月学雷锋，四月祭英烈，五月颂党恩……既成就了五好学生，也铸就了四有教师。春风沉醉的夜晚，夜深沉，人也深沉，挥之不去的总是党旗带队旗的那腔激情，那路追求，阳光少年一个个，鲜活校园的梦萦……

三

范向梅女士是有思想，有智慧，有高度，有个性的校长，她致力于立体化管理，全方位发展，从五个方面下功夫：一是读书学习转观念，二是网状管理无缝化，三是未雨绸缪早策划，四是行动落实短距离，五是顶层布局巧设计。天天抓督导，天天抓落实，收到了预期的效果，一步步助推了三完小创新发展，形成品牌。

范向梅女士明白，无论做什么事情，没有最好，只有更好。她引领全校师生勤总结，发现自己的优劣，看黑板，明确工作的方向，勤耕耘，明白要做的工作，抓落实，用好督导的法宝，用她的话说，就是"全体教职工人人当好宣传员，讲好三完小故事，做更好的自我，用我们的语言和行动书写三完小的光荣史，书写宜章教育的发展史"。掷地有声！句句发自肺腑，句句震耳欲聋……

范向梅女士是有影响力、号召力、行动力的人，这力，来源于她的身先士卒。为了"我们一起出发"，她一而再，再而三强调再学习再行动的重要性：加强党建，用党建引领全校发力；认真学习，用实践证明自己的内力；积极行动，用实践诠释我们的实力，从而实现"在行动中实践，在实践中进步，在进步中展示我们实力"的伟大构想。

她的治校理念像一股流淌在校园里的清泉，滋润着，生长着。

四

"做有温度的老师！"交流中，范向梅女士说得最多的就是这句话。这也成为她的口头禅。言下之意，有温度才有亮度。她喜欢让爱与我同行，让家长与我同行，追求班级管理，学校管理，教育教学的同步。

　　做老师的，没有豪言，没有壮语，只有躬身前行。范向梅女士最大的特点，就是既埋头拉车，又抬头看路，始终把握正确的导向。她要求教职工做到的，首先自己做到。比方说潜心研读教材，比方说申报课题，她总是走在前头，与时俱进。她结合多渠道宣传，做好开头工作，结合家长、学校工作，搭建交流平台，结合校园文化建设，营造浓厚氛围，结合教科研工作，落实阵地建设，结合学校主题活动，取得良好效果，结合争先创优活动，建立表彰机智……这些设计，颇具瞻前性，颇有鼓动性，更有原动力，使得学校和个人都收获了许多荣誉。

　　你，不得不认同范向梅女士的观点——"课堂不变教育就不变，教育不变学生就不变""做老师的，务必要让有效课堂成为教学质量的保证，让教学质量成为常态化目标，让推门听课成为全校老师常行常新的新常态"。这一举措好啊，推陈出新，上好常态课，成为三完小最亮丽的风景。

　　范向梅女士告诉笔者，老师们在意的，不是位置的高低，而是你身后留下了什么。她常与老师交流，当我们退休那天，有人问起你，教了一辈子书，你拥有了什么，还留下了什么？"我桃李满天下！"相信大多数老师都喜欢这样表白。桃李满天下，确实值得骄傲，确实值得自豪！不错，学生是教师教育生命的延续与发展，是可圈可点可赞的，但是，却犹如满天星星，只能远观，只能成就你一生的一幅画图，而不是一本厚重的书。

　　范向梅女士开始潜心写自己的书了，她"从督导的视角看互联网+学校管理"，"用大数据、互联网等方式，打通教育扶贫最后一公里"，因为她明白，"信息技术，助城乡协作，教研走得更远"是行之有效的重要途径，于是，在"传承中谋发展，创新中显特色","用乐教乐学助推智慧校园"。正因为她落实"六点"抓质量,才有了辛勤耕耘创佳绩,这佳绩催生《师心·师情·师魂》的呱呱坠地。

范向梅女士自幼想当老师,于是倾心敲开了中师的大门,终于实现了她的教师梦。"一片冰心在玉壶"是她的教育情怀,她把"做更好的自我"作为终身的追求,一步一个脚印,日夜兼程,风雨不顾,砥砺前行。因为她始终相信,这口教育之气,气在,教育之魂在,气散,教育之魂依旧在。是为序。

目录
CONTENTS

党建工作篇

党组织领导下的校长负责制改革 / 002
学党史强师能,抓管理促发展 / 008
党建引领师德师风,融合铸就四有教师 / 013
党旗带队旗,共育阳光少年 / 022
实施减负增效,创新作业设计 / 034
抓党建创融合,查短板亮实招 / 040

多维管理篇

纵横管理,全面发展 / 044
讲三完小故事,做最好自我 / 048
团结奋进再出发 / 054
领悟"三牛"精神 争创校园品牌 / 059

探学研教,"双减"有招 / 067
铆足虎劲担主责,全力以赴创佳绩 / 071
抓"精准扶贫",促"学有所成" / 076

示范引领篇

《杠杆》的教案 / 080
《垃圾的处理》教学设计 / 083
《斜面的作用》教学设计 / 091
运用"三讲",上好科学课 / 097
巧设"四个措施",优化科学教学 / 100

研学议教篇

运用"六个结合"打造书香校园 / 106
常态常规　常行常新 / 112
推陈出新,上好常态课 / 117
充分发挥"引和督"的作用,提高小学生数学素养 / 121
从督导的视角看"互联网+学校管理" / 125
用大数据、互联网等方式打通教育扶贫"最后一公里" / 130
信息技术,助城乡协作教研走得更远 / 136
传承中谋发展,创新中显特色 / 142
用乐教乐学助推智慧校园 / 148
落实"六点"抓质量　辛勤耕耘创佳绩 / 154

感悟人生篇

做有温度的老师 / 160
微霞满天余晖情 / 164
让爱与你我同行 / 166
家长与我们同行 / 169
执行力强就是不一样 / 172
凭什么校长少交5元？ / 175
让科技之光放飞梦想 / 178
小米扫地机 / 180

木铎心声篇

家校合作 静待花开 / 184
"童心飞扬 快乐成长" / 197
打造家校合作共同体 / 199
让梦想从这里起飞 / 203
唱响新春，追梦2019！ / 206
做命运的主人，成就最好的自我 / 208
积极面对考试 充实寒假生活 / 211
"六个要"促使行为规范常记我心 / 214
成立家长义工队，助力学校德育工作 / 216
学校"小"就是名校 / 220

附 录

以拳拳之心书写育人华章　　　　　　　／ 226
我的母亲是个小学教师　　　　　　　　／ 230
阅读使我快乐　　　　　　　　　　　　／ 232

后 记　　　　　　　　　　　　　　　／ 234

党建工作篇

- 党组织领导下的校长负责制改革
- 学党史强师能,抓管理促发展
- 党建引领师德师风,融合铸就四有教师
- 党旗带队旗,共育阳光少年
  ……

党组织领导下的校长负责制改革

各位领导、同志们：

根据会议安排，由我介绍三完小实施党组织领导下的校长负责制改革具体做法，既感到荣幸，又非常惶恐。荣幸的是能借此机会跟大家互相交流探讨，惶恐的是与组织的要求、与师生的期盼还有不少差距。不妥之处恳请各位领导、同志们批评指正。

一、认真学习，深刻领悟党组织领导校长负责制的核心要义。从8月底以来，我们认真学习《中共中央组织部、中共教育部党组关于印发〈关于加强中小学党的建设工作的意见〉的通知》中组发〔2016〕17号文件精神和宜教党组〔2019〕15号文件精神。党组织领导下校长负责制，是融党组织集体领导和校长行政负责两个优势为一体，在党组织的集体领导下充分发挥校长积极性的一种领导机制。党组织处于领导核心地位，承担着把方向，管大局，做决策，抓班子，带队伍，保落实的领导职责，要充分发挥政治核心作用，坚持党组织集体领导，集体决策，全面负责党的建设，把握学校发展方向，决定学校发展重大事项，监督重大决策执行，支持校长依法独立负责的行使职权。校长作为学校的法定代表人，要在学校党组织的领导下主持，负责学校教学科研及行政管理等工作，学校重大问题要通过党组织的集体决策，校长组织执行。改变两个观点：一是原来的校长负责制改成现在的党组织领导的校长负责制，这是党组织的地位和作用发生了根本性的变化，也是加强基层学校党的全面领导的必然要求，还是健全学校现代化管理制度的现实需要；第2个观点，党组织领导校长负责制，不是党支部书记领导的校长负责制，一定是体现民主集中制与个人分工负责的合作，两者有机统一。

二、推动"三位同进"，强化领导核心是关键。一是提高站位。我校认真贯彻落实县教育局党组决策部署，从今年9月份起，全面启动党组织领导的校长负责制改革工作，学校把旗帜鲜明的讲政治作为第一原则和首位承诺，以政治建设引领党的建设，带头贯彻落实习近平新时代中国特色社会主义思想和党的十九届四中全会精神，带头坚持社会主义办学方向和党的教育方针，带头用"四个意识"导航，"四个自信"强基，"两个维护"铸魂，不断强化党组织政治功能，加强党的全面领导。二是明确定位。我校从党的建设的高度进一步明确了职责，即党组织是领导核心，校长在党组织领导下行使职权。首先学校决定进行支部换届选举工作，原来的党支部班子成员是两个校级领导、一个中层干部和两个普通党员组成的支部工作班子，与学校行政领导班子是两套人马。这次换届选举为了体现党组织的核心地位，我们实行党政领导班子协调统一的思路改革，实现支委成员都是校级领导的构想。这样就更进一步加强了领导班子和党员队伍建设，既达到了加强学校基层党组织建设，充分发挥支部的战斗堡垒作用和党员的先锋模范作用，营造风清气正的良好政治生态和育人环境，又改变了原来"小党建"和学校教育教学管理两张皮的局面，充分发挥新的管理体制的集体领导优势，形成了党政同责、全面负责的良好格局。我校工作的重点就是以师德师风和"三全育人"为重点，将抓好德育和思想政治工作，推进师德师风建设，作为中小学校党组织的重要任务，努力将党组织工作融入学校教育教学各项工作中。在解决问题中坚持自上而下与自下而上相结合，问题导向与目标导向相结合，以工作落实为基础推进学校党建工作落细落小落实。在议事决策方面，认真落实民主集中制原则，建立健全集体领导和个人分工相结合的制度，进一步提高学校党组织民主决策，科学决策和依法决策的水平，强化政治把关，保证党组织在重大事项决策和监督中的地位。作为"班长"，我充分尊重并支持校长开展教学、教研等日常行政工作。三是互相补位。按照教育局决策部署，我作为党支部书记兼任学校副校长，而李节云同志作为党支部副书记兼任学校校长，我的理解是党组织为了落实对学校工作实行全面领导，校长对学校行政工作全面负责的一种新型的组织体系，用双向进入、交叉任职的领导机制来推动党建与中心工作有机融合，有利于全面落实"一岗双责"。我们在具体工作中，不断探索调研论证机制、有效参与重大问题决策机制和沟通论证力度，提高决策的科学化水平。在学校，我与节云同志既有分工，又有合作，彼此相互信任、相互支持、相互补台，共同承担着学校改革发展稳定的重要责任和培养合格人才的根本任务。即使是有领导外出学习，所有学校工作都集体研究集体决策，对于外出学习人员都通过电话或者微信征求意见后再做决策。

三、健全"四项制度"，落实保障机制是重点。我们学校坚持集体领导和个人分工负责相结合的制度，凡属重大问题都要按照"集体领导、民主集中、个别酝酿、会议决定"的原则由学校党支党组织集体讨论作出决策，并按照分工抓好组织实施。对于重大问题和重大事项集体决定了的事情，领导成员一定要分头分工去办，勇于负责，不得推诿和扯皮。一是健全党组织会议制度。改革工作开展以来，我校每月坚持至少召开一次党组织工作会议，成员就是支委成员，会议着重听取学校党组织建设，把握学校发展方向，决定学校发展重大事项，监督重大决议执行，支持校长依法独立负责的行使职权。比如我校在开展"不忘初心牢记使命"主题教育的检视问题阶段，我们针对会议上提出课间操纪律不好的问题，打出了一套组合拳：提出问题、出台方案、各部门齐抓共管。通过整改，短短几周时间课间操纪律明显改观，得到了教育督学随访督导组领导的一致好评。二是健全议事决策制度。我校先后制定完善了一系列制度，明确党组织会议、校长办公会、行政会的职能定位、出席人员的范围、议事规则和收发文件、采购物品、财务报账等程序，确保实现学校党务校务、议事决策制度化、规范化。三是健全"三重一大"制度。根据《宜章县局落实"三重一大"事项集体决策制度实施办法》文件精神，我校研究制定了切实可行的集体决策制度，对涉及学校发展规划、改革方案、领导分工、干部人事、规章制度、经费预决算、基建采购项目、教育收费、职称评聘、评先选优等重大问题和事项集体研究决策，杜绝"一言堂""灯下黑"，克服议而不决、决而不行等问题。四是健全沟通谈心机制。我校始终坚持书记、校长定期沟通、重大事项事前沟通制度，坚持会前交换意见，努力营造团结共事的和谐氛围。比如学校安稳办的干部提拔问题，因为姚纪泉同志去年得到了领导的重用，提拔为副校长，这一年的时间，他既是副校长又是安稳办的主任，工作量非常大。今年根据形势所需和学校实际，我们决定增加一名干事。在这个问题上，我和节云同志的想法不同，但我们提前沟通，最后达成了共识，决定"先在教师例会上宣传，由老师自愿写申请，学校安排领导代表和教师代表组成的考核团队考核，认定后才到安稳办当干事"。节云同志后来跟我说，他开始还担心没有老师愿意写申请，现在看来我的担心是多余的。

四、抓好"三个结合"，聚焦立德树人是根本。党组织领导的校长负责改革，改的不仅仅是书记、校长，还有党员干部和师生，必须全员参与、全员配合，将党的建设深入到学校每一个角落。一是结合理论学习抓改革。我校充分利用"三会一课"、主题党日等，对党员同志进行党性教育，还特别邀请了教育局高书记、联系三完小的吴志强副局长等有关局领导和股室领导到学校指导，帮我们深入解读党组织领导的校长负责制的有关精神，高书记还细到对我们学校学习记录的格式都讲解得清清楚楚。平时我们也利用线上加线下的学习模式认真进行自学和集中学习。二是结合学校德育抓改革。这个学期开学的第一件事就是"点朱砂、诵经典、写人字"的开学典礼，充满仪式感，富有创造性的开学典礼写下了学校德育改革的第一笔。9月底"党旗带队旗"庆国庆70周年快闪活动相继被湖南卫视、湖南经视等多家媒体报道，还有承接原来的"书香校园"读书节、学雷锋寻找宜章好人、雏鹰争章、参观爱国主义教育基地等系列活动的开展，和依托学校《环保》《健康》《文明》《安全》《礼仪》五套校本特色教材认真开展德育教育，引导每位学生争做美德少年、学生标兵。我校陈旭涵同学被评为"郴州市最美青少年"。三是结合队伍建设抓改革。始终将师德师风师能作为党组织的重要任务，大力开展"争做新时代'四有'好老师"活动，安排党性强、学术强的老教师与年轻教师结对子，传经验、教方法，让年轻教师的肩膀不断"硬起来"，这个学期初，我们开展了党员和青年教师同培养的"双培"机制，让青年教师成为党员、让党员成为业务骨干，还安排党员示范班两个挂牌示范，引导教师思想和业务同成长。

"天地无私心底宽"，只要不忘教育初心，牢记改革使命，在县教育局党组的坚强领导下，积极作为，不断创新，以"不达目的不罢休"的精神和"不破楼兰誓不还"的勇气，扎实推进党组织领导的校长负责制改革，努力为宜章教育高质量发展添砖加瓦。

2019 年 12 月

学党史强师能，抓管理促发展

2021年春季开学以来，宜章县三完小在县政府、县教育局的领导下，全体师生上下一心，以党建引领加强师德师风建设，以"四史"学习为主线，不断推进党组织领导校长负责制改革，积极落实党建与学校各项工作深度融合，开展工作，学校党组织被市教育系统、县委评为优秀基层党组织，"党建+师德师风"的案例获郴州市优秀案例，学校被评为县级平安校园，市级文明校园。

一、抓住党史学习的主线不放松

今年是中国共产党建党100周年，全国各地掀起了学党史的热潮。学校党支部工作以"党史学习教育"为主线，围绕学校"教育教学中心"抓好党建工作。一是开学初制定了《党史学习教育工作方案》，按照党史学习教育要求分别开展了"学史明理""学史增信""学史崇德""学史力行"专题集中学习和研讨会；除每周例会固定集中学习外，全体教职工利用"学习强国""新湖南""宜人宜章"等App进行自主学习，并认真做好笔记，积极参与网络答题，为引导学生学习"四史"起了良好的示范作用。3月份，邀请县委党校副校长袁灿君讲座，4月份，邀请教师进修学校副校长、劳模工匠谭兰霞作"学党史强师德，争做

'四有'好老师"宣讲。就在前天,我作为学校党支部书记上了"多措并举学党史,融合实际开新局"的党课。让党员老师们从党史中汲取智慧和经验,学出坚定党性,守住师德底线,扛起责任担当,坚定理想信念,做新时代"四有"好老师。在学生中开展讲红色教育基地的故事,我校的吴玉林在县级获奖,并代表宜章级到郴州市领奖。

二、采用"党建+"模式,开展活动促发展

从2019年以来,我校开展"党建+德育""党建+教学实践""党建+师德师风"活动,所做的案例都在省市级获奖。今年"党建+师德师风"的案例又获得市教育局表彰的六个优秀案例之一,学校"党建+德育"的案例是被收编进郴州市"党建+融合创新"案例中的第一个。我们开展"党建+德育"的活动,做到每月有不同的主题。3月份是"学雷锋活动",4月份是"清明节缅怀革命先烈活动",5月份是"学史力行颂党恩,不负韶华跟党走"主题演讲比赛……,6月份的颂党恩的合唱……3月份"雷锋月"里一是走出校门,追寻先烈足迹,寻找身边的"雷锋",聆听郴州好人熊家龙、宜章好人洪标爷爷、先锋模范张玉春老师等身边"雷锋"的动人故事;二是举办了"童心向党"主题班队网络教研活动,165、157、152、147、135、133六个班展示了六节精彩的主题班队活动课,并利用企业微信平台进行了直播;三是举行了"学党史讲故事,争做红色讲解员"比赛活动,选出代表参加县"红色基因代代传,争做新时代好少年"红色小讲解员风采大赛,其中吴雨林、邹沛婕同学获得了特等奖,欧阳泽涵获得了一等奖;四是邀请央视《百家讲坛》主讲人、历史作家梅毅教授为孩子作"读英雄故事,懂中国历史"的公益讲座,梅教授生动的语言、有趣的互动,赢得了孩子们阵阵掌声，讲座结束后，梅教授亲笔签名送书；五是开展以"童心向党，唱响红歌"主题的庆祝建党 100 周年暨庆"六一"合唱展演活动，师生们用嘹亮的歌声抒发对祖国、对党、对英雄的热爱。孩子们在这些活动中学"四史"，感党恩，将红色文化牢记心中。

我们开展"党建＋师德师风"的活动，做到了将党建与党风廉政建设、师德师风建设紧密结合，并制定出师德师风建设实施方案。我们组织全体教职工学习《郴州市教育局关于印发〈严格加强教师队伍师德师风建设十条禁令〉的通知》，严格要求自己，杜绝一切违规行为，争当师德表率；组织教师签订《师德师风承诺书》，明确责任，激发教师的使命感；成立党员先锋岗，模范班级、开展党员送教送研活动；还制订了责任清单，明确自身责任，并每月进行自查自纠，严禁违规办学行为；表彰优秀教师，以身边榜样的力量感染全校教职工。在开展"学史力行颂党恩，不负韶华跟党走"的演讲比赛中，参赛教师结合身边的事例娓娓道来，抒发自己的教育情怀，用实际行动向建党 100 周年献礼。

"党建＋"教学实践活动开展得如火如荼。主题队会网络研讨、小六科学复习研讨、整本书阅读研讨等，由于场地有限，只能有部分老师参与现场研讨，其他老师则都通过企业微信直播平台收看，并积极留言，参与讨论。今年 11 月，我校将完成信息技术应用能力 2.0 测评，为让老师们在测评中全体过关，争取全校达优，我校组织教师认真学习《湖南省中小学教师信息技术应用能力提升工程 2.0 试点工作方案》，指导老师们根据自身条件选定能力点。学校将根据教师拟选能力点报名情况，然后组建培训团队，分学科组开展微能力点培训，帮助老师们进一步去理解吸收，使全体教师的信息技术素养有了明显的提升。

三、联系实际解决问题不走样

一是保平安。为了切实保障学校师生安全，我校始终把安全工作放在重中之重的位置。本学期，我校本着综合治理，预防为主，防治结合，加强教育，群防群治的原则，通过安全教育及演练，增强师生安全意识和自我保护能力，营造全校师生关心和支持学校安全工作氛围。一抓制度保证，措施到位。我校建立了安全工作领导责任追究制，将安全工作纳入年度考核和绩效工资考核之中，层层签订安全工作责任书，明确各自职责，贯彻"谁主管、谁负责"，职责分明，责任到人。二抓教育和宣传。本期我校通过宣传栏、集会、国旗下讲话、安全教育月、安全教育周、安全知识竞赛、主题班会、专题黑板报、张贴安全标语、家访、家长会、致学生家长一封信等多种途径和方法加强学生安全教育。三抓安全隐患的排查。本期我校每周对校舍安全进行排查，每月对学生危险物品进行搜查，做到及时发现及时处理，防患于未然。四抓校门口上放学安全。我校位于县城中心地段，路面窄，车况杂，车流量大，一方面我们多方交涉，尽最大可能设立警示标牌；一方面做好管理和教育工作，每天放学，都有学校值班人员在校门口维护秩序，确保校门口上放学秩序井然。

二是解决广大教职工关心的问题。根据教育局的要求，学校要结合实际出台平时考核方案，结合学校实际出台职称晋升方案，方案是早几年研究的。课后服务的分配是新生事物，我们积极面对，摆到台面上来讨论，这段时间正在积极热议，放假前，争取上教代会。

三是积极落实"党建＋"工会工作。工会始终坚持服务教育教学，服务广大会员的宗旨，本期开展提高会员素质的书法比赛、教学比武、职工气排球比赛，还组织会员开展颂党恩，跟党走的大合唱，其中，郑亚琼、李欢、黄西都以一等奖晋级，参加县级第二届青年教师比武。为了确保会员的福利，为广大职工购买了安康保险。

四是把学生放在正中央，关注孩子的成长。本期，我们开展了有声有色的学生活动，寻访好人、讲解红色故事、朗诵经典、开展语文、数学、英语、艺术、科技、体育等六节一周的活动，使学校工作落到实处。吴红兰老师带队参加全县四十一届中小学生田径运动会取得了第三名的成绩，其中一个孩子破了县记录。

今后，我们在巩固已有成绩的同时，还将不断创新工作思路，拓宽工作面，充分发挥党组织的核心和政治作用，不断探索党组织领导校长负责制改革工作，用理论指导实践，调动党员教师的积极性，以师生发展为出发点和落脚点，围绕提高教育教学质量这个中心任务，强素质、重人文、提质量、创品牌，继续带领全体教职工开拓进取，力促学校朝着品质内涵方向不断迈进，办好人民满意的教育。

2021 年 6 月

党建引领师德师风，融合铸就四有教师

宜章县第三完全小学直属宜章县教育局管理，是一所全日制公办小学。近年来，学校以"做最好的自我"为目标，以"正德范行"为教风，努力打造高素质的"四有"好教师队伍。教师是立校之本，师德是教育之魂。根据党的十九大报告精神，学校要全面贯彻落实党的教育方针，全面落实立德树人的根本教育任务，不断加强师德师风的建设。师德师风建设是学校教师队伍建设的重要内容，加强师德师风建设是教师职业的内在要求，也是建设高素质教师队伍和改进学校教风学风的要求。我校多年以来，认真贯彻落实各级教育主管部门的决策部署，强化党的领导，进一步加强领导班子和党员队伍建设，充分发挥师德师风在教育教学中的能动性作用，将师德师风建设与党建工作充分结合，通过抓学习、抓规范、抓典型、抓活动、抓思政的举措，切实推动师德师风的建设，形成了党政同责、全面负责的良好格局，从而为学校营造出良好的教学氛围。学校连续三年被县委组织部评为"红旗支部"，姚纪泉、黄郴宜两位教师荣获"宜章县师德标兵"荣誉称号。

一、主要做法

（一）抓学习有目标，促进思想统一

学校以创建基层党建示范点为契机，坚持和完善党组织领导的校长负责制，将打造学习型校园作为师德师风建设的切入点与突破口，努力营建学习之风，让师德师风学习不成为教师的负担，让教师在师德师风学习中不觉得枯燥，让教师真正乐于学习并学有所获、学以致用。我们通过每年有主题，每月有活动，每人有进步来开展主题教育，还邀请"湖南好人"张玉春、中共宜章县委党校常务副校长、湖南省党校系统党建研究会常务理事袁灿君、进修学校副校长、"网络妈妈"谭兰霞举办讲座，每一位教师都从讲座中深受教育，纷纷表示要立足工作岗位，为党育人，为国育才，坚守教育初心。

还通过开展校长论坛和南溪讲坛活动，搭建平台，进行经验交流，提高教育教学业务水平。通过多种多样的学习反思、经验交流，多角度多层面地提升了广

"网络妈妈"谭兰霞校长《学党史强师德争做"四有好老师"》宣讲会

大教师的业务素质和思想意识。带领党员和优秀教师到爱国主义教育基地参观学习，如宜章县内的湘南暴动纪念馆、邓中夏公园、星火广场、余经邦故居，红军后方医院圣公坛、彭儒故居、胡少海故居等。还带领大家去郴州市范围内的汝城沙洲、桂东沙田第一军规广场、黄克诚故居等红色基地，每年让党员教师感受学习革命先辈的坚定信念、顽强拼搏、艰苦奋斗、对党的事业无比忠诚的革命精神，进而牢固树立新时期的革命精

神，脚踏实地，无私奉献，以更大的热情投入到工作中，为党的教育事业贡献自己的力量。一系列的教育活动，提高了党支部的组织力、感召力、引领力和执行力。对教师进行理想信念的教育，也强化了教职工的责任感和使命感，收到思想上的统一、信念上的坚定的教育效果。

(二) 抓规范有清单，确保守住底线

学校定期对教师进行师德师风教育，学习有关师德师风要求。特别是今年，在接到县教育局印发的《关于加强思政教育，强化师德师风建设工作的通知》《关于加强学生思政教育，强化德育工作的通知》，我们知道今年的形势，党支部马上召开会议研究部署有关学习活动，决定每月保证3次以上的集中学习和不少于2小时的个人自学，每次集中学习不少于2小时，同时，落实清单制推进工作，签订师德师风责任状，引导教师用底线思维，坚守四个底线。在制订和完善学校有关实施方案和考核办法时，将师德师风建设摆在首位，明确师德师风违犯行为实行"一票否决"，通过这一系列措施，保证了学校各项工作的规范运行。我校党支部在学校、家庭、社会三结合方面下足功夫，组建家长义工组织，成立家长委员会，让家长参与到学校管理和监督工作中来，对学校党务、校务、教师师德师风等内部管理工作提出相关的意见和建议。

同时，还在校门口设立举报信箱，公示学校书记、校长和教育局纪检的电话，形成了三位一体的监督网络，教师的师德师风再上台阶。另外，学校始终坚持将党风廉政与师德师风建设工作同安排同部署，充分发挥党支部政治核心作用，着力提升教师思想政治素质和职业道德修养，筑牢师德师风底线，强化立德树人，教育为民的责任担当。

2020年下期宜章三完小表彰优秀家长义工、优秀教师

（三）抓典型有实招，唱响榜样欢歌

学校围绕"党建＋师德师风"建设的总目标，着重凸显"名校有名师撑名校"的理念，让党员和优秀教师这些典型人物站在台前。首先，我们确定谁是典型？谁来讲典型？在哪里讲典型？我们知道，典型就在我们身边，关键在于发现在于宣传。于是，我们首先确定一支宣讲队，人人来当宣传员，特别是党支部书记、各部门领导更要善于发现，善于宣传，我们每年都会把优秀党员和优秀教师的故事收集成册，让党员同志有很强的幸福感和获得感。学校利用区域教研平台、教师进修学校的送教平台、学校网络教研平台、让优秀的教师站在台前，把自己宝贵的课堂教学、感人故事、身

范向梅、李节云、姚纪泉、黄萍、陈艳华、黄郴宜6位老师参加宜章县县级教师培训团队培训

边典型、管理讲座定期不定期地进行推送，使教师成为引领全县师德进步的一道亮光。

通过这样的平台，产生了市级教师培训师3人，县融合团队8人，去年开展送教送研活动84人次。学校的微信公众号、县级以上的融媒体都是展示教师风采、宣传教师师德师风建设的一个重要窗口，凡是被宣传了优秀事迹的老师都有自豪感。

（四）抓活动有途径，提高育人水平

学校的各项活动是师德师风建设的重要切入点，而师德师风建设的出发点和落脚点在于教书育人，因此，学校多以党建引领推动师德师风建设工作。广泛开展教科研文体等活动，在活动中不断提高教师的育人水平，落实立德树人的责任。一是抓重要时间节点开展活动。把党建与大队部开展的德育活动结合起来，做到每月有主题，每月有活动，如每年3月开展"学雷锋"活动、4月开展"缅怀革命先烈"活动，7月开展"庆党建"活动，10月开展"庆国庆"活动等。2019年庆祝中华人民共和国成立70周年，我校师生的"快闪"活动被湖南卫视和经视报道。二是创建党员示范岗活动。近年来，学校通过开展党员上示范课、评选党员示范岗、党员结对帮扶、到社区开展微宣讲等活动，激发党员教师增强荣誉感和责任感，充分发挥党员教师的先锋模范作用。三是开展党员结对帮扶活动。多年来，学校党支部推行把党员培养成骨干教师、把骨干教师培养成党员的"双培"机制，开展师徒结对形式，充分发挥优秀骨干教师传帮带的作用，使新进教师、青年教师能快速成长。师徒双方互相促进，在实践中思考，在思考中感悟，在感悟中成长，达到教学相长，共同进步的目的，实现思想和业务同发展的良好态势。

2020年下期宜章三完小青蓝工程启动仪式

2020年下期宜章三完小青蓝工程素养比赛

(五) 抓思政有渠道，落实立德树人目标

在新形势下，净化党员教师思想品质，让党员教师成为"四个引路人"，为学生扣好人生的第一粒扣子。我们通过营造浓厚的校园文化氛围、抓班队课堂主阵地和构建德行课程体系这三种渠道来实施。一是营造校园氛围。我们充分利用学校的走廊、宣传栏、每一面墙、每棵树说话。比如在校门口这栋楼最醒目的位置写上我们的办学目标"做最好的自我"，在教学楼的墙面上张贴"立德立行，成就自我"的校训和学校的"三风"，每栋楼的墙面分区分块展示学校党建、宜章风流人物、学校光荣榜、经典传承、学生才艺等几个方面的宣传，并定期更新。同时利用校歌《放飞梦想》、校史馆激励教师和学生不断成长。二是抓班队课堂主阵地。我们要求党员教师，落实德育为首的课堂教学目标。人人都做思政教师，深挖每个学科思政教育的因素，对学生进行德育教育，在课堂中寓教于乐。同时抓好班队活动课。每年我们都会确定不同的主题开展专题研究，今年，我们确定的主题就是"童心向党"，解决怎样在课堂中进行爱党爱国主义教育课题。三是构建"德行"课程体系。为了落实立德树人的根本任务和德育

2021年宜章县"童心向党"主题班队课网络教研活动

宜章三完小课后服务篮球、合唱兴趣班正在上课

党建工作篇　019

为首的教育目标，学校真正做到把学生放在学校的中央，从实际出发构建"德行"课程体系，通过几年的不断探索，把"德行"课程分为三大块，即"主题性"德育活动课程、"卓越性"班级授课制课程体系和"超市性"潜能体系课程。为了实施"主题性"德育课程，我们开发了一系列校本教材。教师在研究中成长，在研究中践行当好学生的"四个引路人"。

二、工作成效

师德师风建设是一项系统、长期的工程，是教师队伍建设的核心，不可能一蹴而就、一劳永逸。学校党支部将从尊重、爱护的立场出发，真诚关心和帮助教师健康成长，探索出党建与师德师风建设有机结合、相互促进的具体做法，形成了一套卓有成效的系列化措施，并取得显著成效，让师德师风建设落地生根。

近年来，学校先后被评为"湖南省示范性优秀家长学校""湖南省信息化试点项目实施单位""湖南省小学语文优秀会员团体单位""湖南省小学语文优秀学科组""湖南省教育科学"十二五"规划课题"小学语文'以学为中心'的教学方式研究"课题先进单位""湖南省优秀少先队集体""郴州市校园文化建设样板学校""郴州市课改样板校""郴州市语言文字示范学校""郴州市市级校本研训示范校""郴州市养成教育示范学校""郴州市模范职工之家""郴州市教育科研基地示范校""郴州市平安校园创建优秀单位"等，连续三年评为宜章县"红旗支部"，在宜章县中小学年度目标管理考核中，三完小获一等奖，还获得其他单项奖约有 90 次。学校信息化工作出色，在 2016 年总第 600 期《教育信息化》杂志推介，学校党建工作在全县范围推介。

一大批教师迅速成长，其中本人评为湖南省第十一届特级教师、姚纪泉和黄郴宜被评为宜章县师德标兵，学校一部分中层领导成为业务管理骨干，都被提拔到城区其他学校校级领导岗位，3名教师成为市级教师培训师，8名教师被聘为宜章县组建融合团队成员，18名教师成为市级骨干教师，22名教师成为县级骨干教师。

三、创新评价

学校在探索"党建+师德师风"融合创新案例中，通过各类载体和平台把师德师风建设与党建工作有机结合起来，融汇于学习、教育、培训、管理和活动的全过程，并将师德师风教育纳入了学校的常规管理。每周有固定师德师风学习时间，每周例会重点强调师德师风建设的要求和重要性；每月有学习主题，有教师师德师风建设报告和教师学习心得体会；每学期有师德师风标兵评选、表彰活动。相信学校多措并举，必会从思想和行动上提高教师的师德水平和业务能力，从而提高学校的教学质量和办学水平，真正做到党建引领深入推进师德师风建设，为培养一支有理想信念、有道德情操、有扎实学识、有仁爱之心的"四有"好教师队伍，推动学校"党建+"工作更加深入的发展，为学校整体发展搭桥辅路。

2021年6月

党旗带队旗，共育阳光少年

宜章县第三完全小学是一所全日制公办小学。近年来，学校依托宜章深厚的红色资源，树建"浸入式"党建工作模型，坚持以"打造坚强政治核心和战斗堡垒，全面落实立德树人根本任务"为构建目标，以"党的组织全内嵌、全覆盖，德育全融入、全覆盖"为构建原则，打造"德行"课程体系，走出了一条具有宜章县第三完全小学特色的办学之路。

一、案例背景

学校在落实立德树人根本任务时，由党支部牵头，坚持以"党旗带队旗、支部带少先队"，充分发挥党支部的引领作用和党员的模范带头作用，落实"党建+德育"的育人新模式。

学校实行党组织领导的校长负责制，成立了"支部领导政教处，政教处领导少先队大队部，大队部领导年级组"的德育工作网络，确立了"做最好的自我"的办学目标，明确以"立德立行，成就自我"为校训，打造"明德笃行"的校风，推行"正德范行"的教风，树立"尚德健行"的学风，坚持以"德"为中心，全面落实育人目标。

二、主要做法

（一）抓好德育队伍，提升专业素养

德育队伍中班主任是核心力量，我校注重班主任队伍的建设，从开学的选人阶段开始就特别重视他们的师德行为，让德行优秀的教师担任班主任，还定期进行班主任管理技能培训。通过活动观摩、案例研讨、工作坊研修、青蓝结对工程形成学习共同体，提升班主任的道德修养和专业水平，增强他们的职业获得感，积极促进德育工作的实效性。

（二）依托主题教育，争做美德少年

为了践行社会主义核心价值观，让"德"字深入学生心中，在党支部的指导下，学校开展了在家做"小帮手"，在社会做"小标兵"，在学校做"小伙伴"，在公共场所做"小卫士"，在独处做"小主人"的德育主题教育活动。以主题班会、校园广播、班级黑板报、国旗下讲话、微信公众号为教育阵地，每月有主题，每周有活动，虽然时间不同、地点不同，但都是与学生的生活与社会实践紧密地联系在一起，都能使学生把德育内化为行动。

开学典礼上点朱砂启智、颂经典明德

庆祝中华人民共和国成立70周年快闪活动

向国旗敬礼,歌唱祖国合唱比赛

"学雷锋"实践活动

"学雷锋"表彰活动（1）

"学雷锋"表彰活动（2）

争做"环保小卫士"活动

纪念革命先烈活动

开展"阳光校园 我们是好伙伴"主题演讲比赛活动

(三) 依托评比制度,争当向上少年

为了激发学生的上进心和积极性,体验到成功的喜悦,从而形成良好的学习习惯和行为习惯,学校开展了每期两次的"班级文化评比"、每周一次的"班级流动红旗评比"、每天针对学生德行的"雏鹰争章评比"等评比活动。学校领导、德育工作者、孩子自己都来当评委,定期开展、及时公示,在学生当中形成了"你追我赶"的局面。

(四) 推行志愿活动，成就向善少年

活动是德育的载体，学校党支部充分发挥党员的模范示范作用，积极拓展德育途径，创新德育形式，以班级为单位开展了各种形式的志愿者活动。开展"寻访好人"邓盘瑛等宜章好人的事迹，开展"日行一善，争做新时代好少年"，开展"小手拉大手——家庭联谊"活动。通过这些活动，学校将德育与社会实践结合起来，让孩子们在社会活动中践行社会主义核心价值观。

(五) 实施精准扶贫，培养爱心少年

2019年是宜章县脱贫摘帽攻坚年，在这之前，全县上下都在为脱贫而努力。学校有64个建档立卡户，为了不让这些家庭的孩子在学业上掉队，学校党支部除了带领全体教师利用节假日家访、辅导学业，还联合大队部积极开展"爱心一元捐"活动。活动弘扬"勿以善小而不为"的慈善理念，以一元为起点，多捐不限，让每一个孩子都为贫困学子献上一份绵薄之力。2019年下期，黄雅雯、欧阳文俊两位小朋友因重病住院，高昂的医疗费让两个家庭难以承受。建队日上，学校的孩子们纷纷踊跃捐款，希望两个可爱的同伴早日战胜病魔，重返校园！这些捐助活动极大地激发了学生的爱心。

(六) 创建特色课程，培育阳光少年

每年的班主任经验交流会，学校会定一个主题，然后班主任按照主题讨论、收集、小结，最后整理出一套实用的校本教材。目前已整理出《传统文化》《环保》《健康》《文明》《安全》五套校本德育教材。这五套校本教材融合了传统文化、规范养成、安全教育、感恩教育、心理健康教育、礼仪教育等内容，将德育认知和德育体验结合起来，突出活动性、体验性，在实施中收到了非常好的效果。

诵读中华经典，营造书香校园，诵读经典诗文，传承华夏文明

三、工作成效

（一）学生行为有了可喜的变化。通过主题教育与评比制度，学生的行为更规范，由过去的集合"喊不齐"转变为集合"快静齐"，由"垃圾随手丢"变成"垃圾随手捡"，由教室"高声闹"变为教室"静悄悄"。

（二）班级管理显示新局面。通过表彰奖励先进班级等举措，激发了班主任与学生的热情，班级之间呈现出"比、学、赶、超"的良好氛围。

（三）教师工作更主动。在学校党建示范品牌和工作理念的指引下，教师的主人翁意识与示范意识被唤醒，主观能动性大大增强，工作积极性大大提高。

(四) 取得了可喜的成绩。近三年,学校先后被授予全国读书活动先进单位、全国零犯罪学校、全国青少年篮球示范校、湖南省优秀示范家长学校、湖南省红领巾示范校、湖南省教育信息化示范校、郴州市首批科学教育研究基地、郴州市课改样板校、郴州市国学经典诵读活动示范校、宜章县红旗党组织、市优秀基层党组织、宜章县雷锋式中小队、"五好公民"主题教育活动等 100 多项荣誉,已成为宜章县基础教育的一面旗帜。我校师生先后有 160 多人次获奖。陈旭涵同学被评为"郴州市最美青少年",肖安妮、朱臣纯被授予宜章县学雷锋铜章。

四、创新评价

学校党支部着力探索党的建设与德育工作相融合的新路径,突出党建载体、党建资源与立德树人教育目标相融合,积极创新德育形式,拓展德育途径。

在党组织领导的校长负责制引领下,成立"支部领导政教处,政教处领导少先队大队部,大队部领导年级组"的德育工作网络,并逐步成为学校党建工作特色和品牌。

通过"党旗带队旗、支部带少先队"的探索与实践努力,把过去抽象的、空洞的、大水漫灌式的德育教育,变成了具体的、生动的、精准滴灌式的教育,为学生搭建多样化成长舞台,寓教于学、寓教于乐,将爱党爱国和社会主义核心价值观融入社团活动之中,融入师生教育之中。

如今,在"党旗+队旗"党建品牌的引领下,学校党支部的各项工作措施紧紧围绕"德"字开展,发挥引领作用。在今后的工作中,我们将进一步抓好党的基层组织建设,为培育阳光少年提供坚强的组织保证。

2020 年 7 月

实施减负增效，创新作业设计

一、案例背景

2021年5月21日下午，中共中央总书记习近平主持召开中央全面深化改革委员会第十九次会议，审议通过了《关于进一步减轻义务教育阶段学生作业负担和校外培训负担的意见》。为贯彻落实中央关于"双减"工作的决策部署，全面推进素质教育，切实减轻学生过重的作业负担，提高课堂教学效率，构建教育良好生态，有效缓解家长焦虑情绪，促进学生全面、健康而有个性地发展，我们学校在积极探索。

二、具体做法

（一）宣传到位，让"双减"落地成为一种声音

一是通过会议，传达文件精神，让教师知晓。俗话说"要想火车跑得快，全靠车头带"，2021年秋季开学初，宜章三完小党支部发出号召，并在教师例会上组织大家学习有关双减的政策，知道校内要减轻学生过重的作业负担，校外要指导家长减轻学生过重的课外培训的负担。要让全校教师认识"双减"，理解"双减"，更重要的是知道学校的重心工作放在减轻过重的作业负担。二是通过教研组会议、年级组会议让大家聚焦"双减"下作业负担。各年级学科组以立德树人为根本任务，教育引导学生培养和

践行社会主义核心价值观，培养德智体美劳全面发展的社会主义建设者和接班人，聚焦主责主业，坚定不移落实质量立校，秉承"立德立行，成就自我"的校训，"做最好的自我"的目标努力前行，并且明确从"课堂教学、作业布置和批改、课后服务提质"几个方面下功夫想办法减轻学生过重的作业负担，提高教育教学质量，努力办好人民满意的教育。三是向学生和家长做好宣传，广而告之。我校利用三完小公众号、校讯通、微信群、家长会、给家长的一封信等多种形式，向家长宣讲素质教育观、全面发展观，搞好"双减"政策下减轻过重的作业负担的宣传工作，取得家长和社会的理解、支持和监督，形成合力，共同做好"双减"政策下作业改革工作，力争做到人人知晓、人人支持、各负其责，积极落实。

(二) 建章立制，让减负增效成为一种态度

学校成立以党支部书记为组长、校级领导为副组长、各中层干部为成员的专门的领导班子，形成以校长为工作小组的组长，教务、教研、安稳、政教、督导和党支部联合工作的机制，成立专门的双减办，由教务处抓落实。其他各部门根据学校情况，制定了工作方案、规章制度，特别是对学生作业出台了《宜章三完小作业管理办法》，明确了作业管理的实施主体、作业布置的原则、作业批改的要求等。让全体教职员工认真签订责任状，要求各教师规范自己的教育行为。同时通过开展"校长论坛""专题研讨"，书记上党课，"微党课"等活动，加强思想政治教育和师德规范教育，要求他们立足学生、立足课堂、立足教研、立足学习，把作业减负、作业改革与教师的评先评优、师德师风、年度考核、年终绩效等挂钩，表达学校对贯彻减负增效的坚决态度和实际行动，让领导班子、班主任、党员和普通教师几支队伍管理

实现常态化、文化管理实现理想化，真正把减负提质工作落到实处。

（三）监督检查，让高效作业成为一个目标

党支部书记带头把关，减轻校内学生过重的作业负担的关键在于课堂，重点是教师，教师在课堂上要改变教学方式，体现当堂上课、当堂反馈、当堂掌握，提高课堂效率。学校确定了从常态课堂教学的作业设计、作业布置、作业研讨和课后服务四个方面落实"双减"工作。

为了落实优化设计，教研室出台作业管理禁行清单，明确各学科作业围绕目标、内容、难度、类型、数量等关键要素，通过选编、改变、自主创编等方式，落实布置弹性作业和个性化分层作业；科学设计探究型作业和实践性作业，探索跨学科综合性作业；科学设计符合新时代育人要求、体现学校特点、适合学生实际的作业。教师要将作业设计写在相应教案上。合理布置书面作业、科学探究、体育锻炼、艺术欣赏、社会与劳动实践等不同类型的作业。

为了抓作业管理，我们以教研室牵头，制定了《宜章三完小作业管理办法》，教务处落实作业检查制度，每周要求值周人员实行巡查，检查做到"四看"。一看是不是按照课程计划上课，二看课堂是不是体现学生的主体作用，三看布置的课堂作业和课后作业是否符合要求，四看作业是不是全批全改。同时严格落实教研组"一月一查一通报"，教研室和督导室落实"一季一查一通报"，学校落实"一期一查一统计"，做到定期检查和巡查相结合的形式进行，对作业形式、作业时量、作业类型都实行表格化登记，定期通报落实情况，并明确检查结果记入教师绩效和年度考核。

落实各科作业公示制。明确各位教师要科学合理布置作业，各班每天将各科作业公示在班级黑板最右边，详细记录年级、班级、日期、学科、作业内容、预估完成时间等信息。各年级以学科组为单位，做到每周统一布置作业。对所布置的作业要开展集体备课进行研究，严控总量。教研组长、备课组长和班主任要加强年级、班级的作业统筹，合理确定各学科作业的比例结构，破解"作业布置扎堆"的问题，确保"小学一二年级不布置书面家庭作业，小学三—六年级每天书面作业完成时间平均不超过60分钟，每周至少安排一天无书面作业"得到落地，指导学生在校内基本完成书面作业。

强化家校协同育人，引导家长履行家庭教育职责。学校要指导家长营造良好的学习环境，合理安排学生居家学习，督促学生加强自我管理，认真独立完成家庭作业，不敷衍、不抄袭。完成作业后，应以亲子阅读、家庭劳动、体育锻炼、兴趣培养为主，合理使用电子产品，保障学生睡眠时间，引导家长理性对待校外培训，引导家长理性看待参加校外培训的作用，牢固树立"生命至上、健康第一"的思想，不跟风从众，不盲目攀比，避免"校内减负、校外增负""教师减负、家长增负"，防止增加孩子过重课外作业负担。

同时要求家长对各班教师布置作业的途径、内容、批改等各方面情况实行监督，因为家长最清楚孩子的作业是不是面对面布置作业，是不是借助QQ群、微信群、企业微信群、钉钉群、校讯通、App等方式通过家长布置作业。对学生课外作业量采取调查问卷的形式，调查各班学生在家写作业的时长，对多数学生反映家庭作业过多的班级教师予以校长约谈。

我们在落实家长与我们一起监督的同时，也接受社会各界监督，公布学校监督举报电话3882196，同时公布"县教育局双减办的电话3758204"。学校向家长公布监督举报电话，畅通社会反映情况渠道，接受广大家长、社会共同监督减负工作。

（四）深度融合，让五项管理成为一种自觉

学校将"双减"政策落地，作业改革为突破口，与规范办学和加强师德师风建设相结合，更是与教育部出台的关于规范中小学学生的作业、睡眠、手机、读物、体质等五项管理的整治相结合，结合学情、教情和办学特色，实施"作业辅导＋特色课程"的课后服务模式。我校根据上级有关文件要求对一二年级开设"托管型"服务，三到六年级开设"兴趣＋辅导型"服务，在坚持完全自愿的原则下，学校继续探索本校教师加外聘教师相结合的办法开设学生喜欢、能发展个性特长的兴趣班，开设了田径、合唱、舞蹈、健美操、国学经典诵读、篮球、信息技术编程、书法、劳技、英语、美术等10多个涵盖思维拓展、艺术修养、劳动技能和体能提升等方面的特色多彩课堂供孩子们选择，以满足学生个性化需求。同时，按照实际要求上报相关数据到国家规定的平台。

三、工作成效

1. 改变了教师观念。

"双减"是一个渐进的过程，通过培训，教师改变了现有的教学习惯和教学模式，提升了教师工作效率。作业在精不在多，教师在留作业之前，做大量的试题分析，从中选出质量高的题目作为日常作业，让学生不再"机械刷题"。老师不用花很多时间批改大量的作业，缓解了教师的工作压力。

2. 改变了家长的观念。

随着"双减"政策的落地，许多家长有了新的感受。家长们纷纷表示：过去回家就是辅导作业，看着孩子反而不着急的样子，情绪急躁。现在孩子在学校就完成了作业，回家可以陪他读故事、跳绳，亲子关系改善了，心态也好了很多。周末就带着孩子感受大自然的美好，不再出去补课了，在学校就能学到各种课程，每个月能节省不少钱。

3. 取得了很好的成绩。

学校党支部书记的《党建聚焦双减，让教育回归初心》在2021年10月27日《郴州教育发布》电子平台刊发。还有我校学生参加全市的运动会荣获第五名的团体成绩，学校举行体育节活动丰富多彩，连开幕式都别具一格，得到了社会的一致认可。实施减负增效创新作业设计，不仅提升了教师的执教技能，还培养了学生自主学习的能力。

2021年10月

抓党建创融合，查短板亮实招

宜章县三完小党支部在县教育系统党委的正确领导下，全体师生上下一心，大力推进党组织领导的校长负责制，以党建为引领，围绕学校教育教学中心开展工作，连续四年被县委评为"红旗支部"，去年被市教育系统评为"优秀基层党组织"。我们的做法是：

一、抓政治学习，铸牢思想之魂

三完小以打造学习型党支部为中心制订学习计划，做到每年度有不同的学习内容，每月有不同的学习主题，每周有固定的学习时间，支委成员带头学，党员分小组学，全体教师每周五例会集中学。一是学习政治理论，如先后组织学习《习近平总书记关于师德师风的重要论述摘编》、党的十九届六中全会精神等，筑牢教师的信仰基石。二是开展实践活动，如邀请党委办主任李秋发同志到我校开展《做有梦想的教育人》主题讲座，深入组织学习麻小娟优秀事迹活动、开展"廉洁从教、从我做起"演讲比赛等，筑牢教师的师德基础。同时组织教职工学习严禁在职教师参与校外培训的文件精神，严禁教师参与校外培训，开展了"学位"突出问题专项整治活动，通过多种方式的学习筑牢教师们底线和红线意识。

二、抓"五化"建设，夯实党建之基

我作为党支部书记，切实履行党支部书记第一责任人的职责，严格落实党支部"五化"建设的要求。在工作日程中查短板、亮实招。月初，严格按照党委办工作提示并结合学校实际，开展好学习、确定好"主题党日"活动的内容、形式和时间，敲定好"三重一大"重要事项。平时，严格落实意识形态、党风廉政建设工作的要求，落实"一岗双责"的思路，"一单四制"落实部门工作清单，党员发挥先锋模范作用，发挥书记带头、支委成员带头作用，带头遵章守纪，带头学习，带头做最难的事，带头领最低的待遇，带头研究双减政策下作业改革。我写的《党建聚焦"双减"，让教育回归初心》一文于 2021 年 10 月 27 日在《郴州教育》发表。月底，对标抓工作落实，利用党员积分、评价办法让愿意做事能做成事的人同志被充分肯定，每半年开展一次组织生活会开展批评与自我批评，每一年开展一次评先评优，不断激励党员教师们前进，不断把学校的各项工作推向纵深。

三、抓创新融合，探索特色之路

为了改变党建和教育教学"两张皮"的现象，我们积极探索"党建+"融合创新工作，让党员教师带头，把"学生"放在学校的最中央，积极探索立德树人、科学育人的好办法。首先，我们把课堂、主题班队活动、大型集会、社会实践活动当成主阵地对学生进行思想政治教育，抓好学生日常行为规范和养成教育，如组织学生前往森林公园拾垃圾、参观湘南暴动旧址、让雷锋精神在实践活动中落地。还有就是开展"书香伴我行"的阅读活动，号召家长与学生一起阅读并录制亲子阅读视频，开展以"劳动最光荣"为主题的劳动系列教育，强化学生的劳动意识，培养学生的劳动技能。还组织学生参观流动科技馆，让学生与新科技近距离接触。同时，利用课后购买服务时间，开展 13 个不同类别的兴趣小组活动，积极探索"党建＋德育""党建＋少队"成功经验。其次，我们认真钻研在"双减"形势下的"党建＋师德师风"和"党建＋教学实践"融合创新模式，与党员上好示范课、教师学习新课标、全员进行家访、家长参与管理等工作充分结合，努力践行"立德立行，成就自我"的校训，朝着"做最好自我"的目标奋力前进，打造风清气正、清正廉洁的智慧校园。

一直以来，我们本着"党建工作没有巧办法，只有实办法"的工作态度认真做好每件事。虽说这几年以来，党员教师的思想更进步了，工作更扎实了，社会的满意度更高了，但我们深知离党和人民的要求还有距离，我们要"百尺竿头更进一步"，带领党员和全体教师不忘教育初心，牢记为党育人为国育才的神圣使命，办人民满意的教育。

2021 年 11 月

多维管理篇

- 纵横管理,全面发展
- 讲三完小故事,做最好自我
- 团结奋进再出发
- 领悟"三牛"精神 争创校园品牌
  ……

纵横管理，全面发展

猴年汗水结硕果，金鸡报晓更争春。2016年，三完小的工作在领导关心、同行关注、家长支持及全校教职工共同努力下圆满完成了各项任务，在这里向各位领导、兄弟同行们道一声感谢，谢谢大家！下面我从五个方面简单汇报去年的工作：

一、读书学习转观念

欧阳修曾言道："立身以立学为先，立学以读书为本。"也就是说，读书能提升一个人的素质，一个团队读书则能提升整个团队的素质。在过去的一年里，我们坚持把学习由"软要求"变为"硬规定"，修订实施了学校干部职工学习例会制度，开启了"好书好文推荐"、每周深学深谈学习心得的活动，《细节决定成败》《如何提高执行力》成了行政人员的工作手册，《幸福的尺度》《谁动了我的奶酪》是教师们的心爱之书。通过读书树立了"良好的精神状态、良好的心理状态和良好的进取状态"，在学习中找到了"把爱放在学生身上，心放在学校上，力放在事业上"的工作方法，领导和老师们尽头十足。形成了"翰墨书香满校园"的浓厚氛围。

二、网状管理无缝化

学校贯彻"横向到边、纵向到底"的管理模式，横向确立了年级组长负责制进行管理，纵向副校长分管各处室，由各处室分管各块工作。横向重抓落实，纵向重抓布置和监督评比，使各项工作有人抓，每人都有工作做。

三、未雨绸缪早策划

教育局的千条线万条线落到学校一条线，为了使工作实现扁平化管理，我从高处着眼，大处着手，小处实施，充分挖掘潜在的资源，并与已有经验相结合，打破传统做法中为完成任务而任务，为应付检查而检查的工作布置方法，统整全局工作，理顺工作思路，使工作科学化、有序化、正常化。为此，我们坚持"三个每"：每个周日，各处室都上传下周要做的工作；每个月头，召开班主任会议，确定一个德育主题，并布置一个月的班级工作；每个寒暑假之前，各部门拟定，并上传下期要做的工作，各教研组、各年级组给老师分配假期的任务，各位教师则在假期里完成撰写论文、第一稿教案及制作课件等任务。只要在工作上有"工作干在前，困难冲在前，时间抢在前"这"三个在前"的意识，就没有办不好的学校，没有带不好的班级，没有教不好的学生。

四、行动落实短距离

学校建立 QQ、微信、家校通、广播等信息平台，并确立信息反馈机制、协调机制和督查落实机制，通过部门布置、分组落实、督导监督、办公室考评等举措，立说力行，落实到底，提高工作效益，"迅速反应，马上行动"。"只为做事找方法，不为不做找理由"是我们的工作准则。我们始终相信"事情一定要做的，与其被动做不如主动做，主动做事的结果做得好，所以受表扬，而被动做事的结果做不好，因此要受批评"。所以，我们学校形成了"接受工作难不倒，开展工作前先跑，完成任务好上好"的精神风貌。

五、顶层布局巧设计

学校工作有时看上去多而杂，但只要理清了工作思路，从顶层设计好，是可以化繁为简，高效轻松的。比如，学校最怕的就是接到教育局要求上交论文、课题的通知或文件。工作人员一看文件，第一句话就是"怎么又要交，不是才交了吗？"细究原因就是"教、研、训三张皮，完全割裂"。为了解决这一问题，我召集会议研究：写什么？谁来写？怎么写？什么时候写？通过梳理文件，结合教学实际，从中发现解决问题的办法很简单，就是要求领导、老师在寒暑假人人写，领导、班主任写管理和教学类各一篇，任课教师按学科要求至少上交一篇，开学之初上交学校，学校组织人员进行评比，将论文分为优秀的、可修改的及不符合要求的这三类，并进行不同的处理，优秀的论文等教育局的文件一下来就直接上交，需要修改的由教研部门工作人员单独指导后限期上交，不符合要求的个别交流后重写上交。现在，不管哪个部门什么时候催我们交论文都是没有问题的。又如学生活动的问题，为迎检而准备，活动没有开展、资料假大空、教师抄抄抄、学生不受益。为了把工作做实做好，我们从2015年开始，以四年级为主要对象建立了11个课外兴趣小组。课外兴趣小组各项活动的开展让学生、教师受益良多，不仅学生的兴趣、个性特长真正得到了培养，在要求上交相关资料时也真实可信，最主要的是两年后初见成效，在去年的县运动会和市运动会，还有省级学生自制教具比赛中斩获颇丰。另外，其他文件规定的项目，如学生实践活动、研究性学习、电脑绘画等作品的上交，我们都不用再担心没有符合要求的作品，而是择优上交。我们播音主持班的指导老师钱歆还把兴趣小组的活动作为一个小课题申报，已经立项，并正在实施中，真正实现"问题"就是"课题"，把教学活动的开展与课题研究相结合，问题解决，课题就完成，真是一举两得；夏雪莲老师把教案、课件等资料积集成册《我们爱科学》，这册书在去年郴州市校本课程的评比中获一等奖。

  2017年，我真诚希望"一枝独秀不是春，万紫千红才是春"。我们期盼乘借十八届六中全会和省市县两会的东风，不断学习，加强学校内部治理体系建构，努力提高执行力，撸起袖子加油干，实现一校一品，创造出宜章教育的万紫千红，而三完小的教学教研工作则呈现出满园春色。

2017年2月

讲三完小故事，做最好自我

2019年是宜章三完小收获颇丰的又一年，在大家的共同努力下，我们不但收获了宜章县中小学年终目标管理考核一等奖的第一名，也收获了教学质量第一，党建工作第一，宜章县平安校园等几项硬核荣誉。在全体教职工和学生即将返校学习、生活、工作之际，我想和大家聊聊我的心里话。

一、勤总结，发现自己的优劣

过去的一年，是辛劳的一年，也是丰收的一年。这一年，我们全面落实党组织领导校长负责制，不断认识和领悟双向进入、交叉任职的领导机制，通过集体领导、民主集中、个别酝酿、会议决定的原则推动党建与中心工作有机融合，全面有效落实了"一岗双责"。我们的工作也得了上级部门的肯定。在2019年度教育系统党支部建设考核中，我校党支部在整个教育系统52个党支部中名列第一。在2019年12月28日县教育局举行的"宜章县教育系统党组织领导的校长负责制改革工作推进会"上，我代表学校党支部作了典型发言。这一年，我们收获了年终目标管理考核优秀单位的荣誉。这是教育局多年以来坚持的对各级各类学校综合管理水平进行的全面的年度考核。这一项考核由平时的督导随访、各股室的打分、年终检查、领导考评等几个方面组成。

我们能在城区 8 所小学中排名第一，来自大家平时能高效率、高质量地落实学校布置的各项工作；这一年，我们收获了县平安学校的荣誉，全县仅评出 12 所学校，我们学校就是其中一所，说明这份荣誉来之不易。党建工作排第一，说明我们党组织把住了方向，顾全了大局；而年终目标管理考核获优秀，说明我们具有团队精神，有凝聚力和向心力；创建县平安学校则侧重于考察我们学校的行动力和战斗力，为我们提供了基础保障。荣誉虽多，但我们也要清醒地认识到，我们与排名第二的学校的评分差距是非常小的。"逆水行舟不进则退"，如果我们沉浸在过去的成绩里，那我们今年的工作势必要落后。今天，我们总结过去所做的工作，是要知道，我们学校要想继续保持在前面，还得加压奋进，共同努力。

二、看黑板，明确工作的方向

老师在上课时，都喜欢提醒学生："看黑板，看黑板，黑板上有重点。"同样，我们在工作中也看黑板。我们要按照"依法治校、以德立校、民主理校、规范办校"的方针，践行"立德立行，成就自我"，实施"德行"课程体系，朝着我们的目标"做最好的自我"不断前行。我们的老师是党的方针政策的实施者，是教育教学的主力军，我们要落实"立德树人"的根本任务，就要搞清：要我们做什么、怎么做。所以，我们的黑板就是各级文件、各种通知安排的好场所。我们平时要求教职工看文件，知晓政策法规，看教育大政方针，落实社会主义核心价值观，看教育理论，懂教育规律。从最直接的角度来说，我们今年黑板上的重点就是《宜章县 2020 年公办学校年度综合绩效评估考核方案》。《宜章县 2020 年公办学校年度综合绩效评估考核方案》是依据政策法规出台，对学校的管理和工作提出更高更精准的要求。这个方案的出台，从教育局至学校、从学校至教育局经过几轮反复讨论、反复研究才出台的，是学校贯彻"两个标准"和"两项管理"的指路明灯。考核方案明确了今年的工作任务，它是我们的行动指南，告诉我们怎么贯彻落实党的方针政策，指导我们依法依规，对照工作细则开展工作。今年的考核方案，在去年考核方案的基础上做了一些改革，其中有四个看点值得我们学校每位教职工关注。第一，分组更科学，全县各级各类法人学校分为四组，县属学校组12所，城区小学组8所，乡镇学校组23所，综合组6所，宜章三完小属于城区小学组。第二，竞争更强烈，全县44所法人单位只是表彰13所，城区小学组一共有8所，只表彰排名前三——优秀的学校。第三，考评更关注过程性。本考评内容包括五个方面，即领导的综合评价、各股室的日常管理、学校教育教学质量、学校管理成果和加扣分。方案中规定：教育局各股室每月对各级各类学校专项工作考核一次，并通报一次，这就是为了加强过程管理的具体体现。时至今日，我们已经看到了各股室对前三个月量化情况。第四，落脚点定位在质量。五块类别中，综合类占5分，日常管理类占60分，教育质量类占30分，管理成果类占5分，加分不超过5分，扣分不封顶。质量类所占的比重超过任何一年，可见，领导抓质量的决心和力度。这一个考核方案，还有其他一些方面的改革，都需要大家仔细研读，认真执行，内化为每位教职工的一种自觉行动。

三、勤耕耘，明白要做的工作

勤耕耘就是把工作落实到位，正所谓"在其位谋其政，任其位尽其职""守土有责，履职尽责"。从《义务教育学校管理标准》和《义务教育学校校长专业标准》，我都深刻领悟其精神实质，落实不同岗位就有不同的职责，每个人都要立足于本职工作岗位，做好自己的工作。"一个好校长就是一所好学校。"书记、校长是学校的第一责任人，书记校长的工作简单地说，就是带领教师一起教书育人，但其核心就是靠责任心，靠教育情怀，就是以教育为事业、以孩子为出发点、引领教师为孩子的幸福人生奠基。作为各部门的管理人员，必须要按照《郴州市普通中小学日常管理规范》的管理要求认真履职，学校各职能部门都直接隶属于教育局各股室垂直管理，学校各职能部门领导对于教育局各股室下达的各种文件和各种通知都要不折不扣地执行。各分管领导和各部分管理人员更重要的是要对学校各教研组、各年级组、各班级进行直接管理，对工作作出计划、指导、落实、考评。对于全体教师，则要严格按照《郴州市普通中小学日常管理规范》和《郴州市普通中小学教学常规管理要求》落实职责。在学校，就是要把党建、安全、德育、质量、扶贫、宣传等各方面的工作都要落实到位。《国家中长期教育改革和发展规划纲要（2010—2020年）》明确指出："教育大计，教师为本。有好的教师，才有好的教育。"好的教师，她应该是为人师表、积极进取、乐于奉献的。可以说，教师的思想品质、职业道德、专业水平决定了教出什么样的学生，也直接决定了教育的质量，决定了祖国下一代人的素养。我们学校要求按照"正德范行"的教风，进一步落实常规管理中"严、细、实、恒、新"的要求，按照信息化2.0时代到来后对我们教师提出的新要求实施。特别落实教师"八个一"，即每年读一本教学理论专著，至少订阅一种与所任学科有关的杂志或报刊，每学期执教一节公开课（示范课、汇报课），主持或参与一项课题研究，发表（或交流、评奖）一篇教学论文（课件），面向学生或教师开设一次专题讲座，命制一套高水平试卷、写一篇高质量的教学总结（反思）。

四、抓落实，用好督导的法宝

《中华人民共和国教师法》第五章"考核"第二十二条中写明："学校或者其他教育机构应当对教师的政治思想、业务水平、工作态度和工作成绩进行考核。教育行政部门对教师的考核工作进行指导、监督。"在中共中央办公厅国务院办公厅印发《关于深化教育体制机制改革的意见》（2017年9月24日）中指出：要建立健全教育评价制度，建立贯通大中小幼的教育质量监测评估制度，建立标准健全、目标分层、多级评价、多元参与、学段完整的教育质量监测评估体系，健全第三方评价机制，增强评价的专业性、独立性和客观性。要完善教育督导体制。宜章县教育督导委员会也出台了宜教督办〔2020〕1号《宜章县教育督导委员会办公室关于进一步加强全县督学责任区建设工作暨推荐责任区督学、督导评估专家人选的通知》的文件，这是继教育局出台了宜教通〔2020〕21号文件后，为了落实全面提高学校管理水平和教育教学质量的又一重要举措。由此可见，今年从国家到地方政府和教育行政主管部门对教育工作督导的重视空前绝后，力度之大已经引起了教育人的关注。学校加强督导工作的重视，专门成立书记为组长的督导工作领导小组，对上督促学校党、政、工各部门把各种文件、通知按时保质完成，工作具体到部门，做到事事有人抓，人人都管事。对内部从领导到普通教职工的师德师风、廉洁守纪、教学常规、教研教改、班级管理、出勤出操、教学质量、任务完成等全员、全程、全方位的督导、监督、评价，在注重结果的同时，更要关注过程，对督导监督的结果作为衡量管理水平和工作水平的重要砝码，与评先评优、年度考核、职称评聘、工资晋级、职务升迁、年终绩效考核等挂钩。各部门出台相关的评价细则，做到一期一评，一期一公开。不断规范教师行为，提升教师专业素养，提高学校办学水平。

五、重宣传，树立先进的模范宣传是搞好工作的先导

宜章三完小在县域或者市域都是享誉很高的学校，因为我们的很多宣传报道都被市级或者市级以上的媒体推介。这些都得益于我们学校管理层在各个方面做的工作得到了领导的肯定，被上级部门推送，这就是一种宣传。今年，我们要开展"讲三完小故事，做最好自我"活动，利用微信公众号、各种媒介把老师、学生当中的优秀人物和事迹进行推介，这也是一种宣传。我们按照上级的要求、遵照教育规律搞好管理工作，得到孩子和家长的认可，这也是一种宣传。疫情防控期间，在我们教师微信群里，领导每天都在传递正能量，全体教职工与领导保持高度一致，这更是宣传……总而言之，就是要做到人人当模范，事事成典型。雄关漫道真如铁，而今迈步从头越。过去的已经成为过去，站在新的历史起点上，无论是个人还是集体，无论是思想还是工作，我们都必须继续努力，不断创新，不负韶华，砥砺前行。希望我们全体教职工人人当好宣传员，讲好三完小故事，做最好的自我，用我们的语言和行动书写在三完小的光荣史上，更书写在宜章教育的历史荣誉册上。

2020 年 4 月

团结奋进再出发

经历了史上最短的学期和最短的暑假,我们又迎来了2020年秋季新学期。根据2020年8月28日宜章县教育工作会议指示精神,结合我们学校实际情况,特制定本期工作目标:以党的十九大精神为指导,以教学为中心,坚持科学发展观,全面贯彻教育方针,大力实施素质教育;以教科研为先导,改革课堂教学为手段,以落实常规教学为基础,抓好毕业班教学为重点;深化改革,强化学校管理,加强师德师风建设,坚持立德树人,坚持"做最好的自我"的办学目标,使我校教育质量再上新台阶。为了更好地完成本期工作,我从以下几个方面向全体教职工提出要求。

一是加强党建,用党建引领全校发力。去年至今,我校党建工作取得了优异的成绩:去年我校"党建+德育"的工作案例被评为全省十

教师例会上的校长论坛

佳优秀案例之一，学校党支部也获得了"宜章县红旗支部"的光荣称号；今年，"党建+教育"教学实践的案例又被评为市级优秀案例之一。成绩属于过去，这个学期我们党建工作要再上一层楼，严格按照教育工作会上谭局长的要求继续做好做实。谭小明局长在会上强调："党建工作是教育工作的首要任务，是办好教育的根本保证。各学校党组织要切实履行好管党治党主体责任，牢牢掌握党对教育工作的领导权。"我校以创建基层党建示范点为契机，严格按照基层党支部工作条例有关要求，继续坚持和完善党组织领导的校长负责制，实践、探索把党员培养成骨干教师、把骨干教师培养成党员的"双培"机制，想方设法提高党支部的组织力、感召力、引领力和执行力。我们以抓宣传工作为重要手段，牢牢把握学校是宣传工作的主阵地，把讲政治的基因融入血脉，通过校讯通、微信公众号和微信等线上平台和各种线下平台阵地，牢固树立"四个意识"、坚定"四个自信"和做到"两个维护"。同时，我们以抓师德师风为突破口，认真学习领会习近平新时代中国特色社会主义思想，尤其要深刻学习领会习近平总书记关于教育的重要论述的科学内涵和精神实质，用习近平总书记的系列新思想新论断新要求武装头脑、指导实践、推动工作，引导广大党员干部、教职工在政治立场、政治方向、政治原则、政治道路上与党中央保持高度一致，严守党的政治纪律和政治规矩，做到对党忠诚，做人干净。更要严格按照总书记提到的指示："广大教师要做学生锤炼品格的引路人，做学生学习知识的引路人，做学生创新思维的引路人，做学生奉献祖国的引路人。"我们要锤炼自己、担当起教书育人、立德树人的责任，以身作则，引导和帮助学生把握好人生方向。

二是认真学习，用实践证明自己内力。我在外出参加培训时，曾听其他学校的书记校长抱怨，说本校老师不爱学习。有的老师是因为超负荷的工作无暇顾及学习，有的老师是满足于现状宁愿逛街或者打牌，也懒得学习，还有的则认为以前学了很多，够用就不用学，即使不够用，也不用自己学，让别人去学就行。这些现象都说明目前有不少教师满足于现状，不愿学习。我目前没发现我们学校有类似现象，但也不能否认，我们学校就没有这样的老师。窦桂梅曾说："当今小学教师急需提升的是自身人文素养和学科专业素养。"可我认为，还要加上信息化素养。我在工作实践中发现学习的重要性，所以我不但自己学，还带动行政人员一起学。我给行政人员送去《细节决定成败》《赢在执行力》等书籍，让他们在行政会上谈读书心得。行政人员在读中学，在学中反思，认知水平、学识素养和工作能力也就提高了。幼儿园的邝秋兰园长高兴地告诉我，身处学习型团队中，临近退休的她也不敢不学、不得不学，回过头来想想，发现还是学到了很多有用的知识、有效的方法。要打造学习型的团队，不光是学校领导要学，所有老师也要一起学习。我希望老师多学习教育学、心理学、课程论等方面的读物，还应当读属于所教学科的读物。比如语文教师，得阅读文艺理论、中外文学史、古代汉语、现代汉语等相关方面的图书，以及相当数量的文学作品。在互联网＋时代，我更希望老师学习极简的信息技术。因为老师的信息化素养提高与教学素养提高同样重要。极简技术不但方便自己的生活，更是方便自己的工作。今年，我校要迎接省级信息化示范校的验收，教师和学生信息化素养就是其中一项重要的指标。我们学校准备通过实施教师信息技术应用能力提升工程和校本培训这两条重要渠道，让教研能力强的教师带动青年教师，让年轻的信息化素养好的教师带动年龄偏大的骨干教师，实施"双培双带动"机制，重点通过课堂教学、网络教研、学校管理和家校沟通四个方面发挥示范引领作用，使教师的信息化素养全面提升，同时推动学校信息化示范校通过省级验收工作，使学校成为智慧校园。

三是积极行动，用实践诠释我们的实力。几年来，学校在各级党委、教育主管部门的正确领导下，全体教职工上下齐心，共克时艰，做了一些工作，得到了各级领导的高度赞誉和社会的高度认可。但是新学期新希望，新学期新起点，我们要继续发扬主人翁精神，发挥大家的主观能动性，用制度管人、以理服人、情感暖人、文化育人，尽量使每项工作做到合法合情合理。本学期学校要迎接宜章县平安学校、郴州市文明校园，以及湖南省信息化示范校工作、湖南创建卫生城市复审的验收，每一项工作任务都比较艰巨，都需要我们从领导到普通老师，从学校内部管理到外部环境优化，各方面都要提质增效。本学期，我们要规范办学行为，实施购买课后服务，坚持推进课后服务与整治中小学违规补课、家教家养相结合，切实减轻学生课外负担。本学期，我们要实现教学质量名列前茅，我们要通过抓教学常规管理中的课堂、课题和校本研训来落实"两项常规"和"两个标准"，使教学质量在原有水平提升。本学期，我们要高举党建这一面旗帜，争创红旗支部和特色校园，抓实疫情防控、平安稳定、教学质量三项工作，各部门强化过程和结果的督导和管理，用好教代会讨论的各项方案、制度，实行公开量化，与评先评优、职称评聘、年终绩效考核和提拔重用挂钩，使学校各项工作科学高效运转。谭局长还强调：我们务必要高度重视执行、不断强化执行、大力推动执行，引领广大干部职工切实把心思集中在想干事上，把胆识体现在敢干事上，把能力展现在会干事上,把功夫下在干成事上。千条万条,不抓落实就等于白条,我相信大家都能积极行动,在行动中实践,在实践中进步,在进步中展示我们的实力,为了让三完小这面旗帜高高飘扬,让我们团结奋进,再出发!

2020 年 9 月

领悟"三牛"精神　争创校园品牌

刚刚过去的2020年，历程极不平凡，感悟刻骨铭心，成绩令人振奋。这一年，我们众志成城，合力书写疫情防控"壮丽诗篇"，网格区值守、上门排查、停课不停学、党员献血、家长义工执勤等，用行动诠释伟大抗疫精神，坚决守住校园一方净土。这一年，我们砥砺前行，全力落实德育为先，五育并举的工作思路，树典型，抓行规，强少队，抓管理，化解大班额、幼儿园招生、安全维稳、教学质量、课后服务样样出色。这一年，我们守正创新，不断推进党组织领导的校长负责制改革，"党建+德育"融合创新优秀案例获省级优秀案例，"党建＋教学实

作者在红色标语下的留影

践"融合案例获全市优秀案例，信息化示范校通过中期评估。这一年，我们勤奋耕耘，学校荣获了宜章县年终绩效考核优秀单位、郴州市平安校园；大课间活动比赛获市级二等奖，"学习新思想、做好接班人"的活动中被评为县级优秀组织单位。在全县"一师一优课"赛课活动中，有二十节课评为县级奖，全市质量抽考中学校排名靠前，全县教学质量稳居全县前三。本人被评为"湖南省第十一届特级教师"，徐向霞的课获得"一师一优课"省级优课，122班的彭喻心被评为郴州市"新时代好少年"，138班吴泽皓被评为宜章县"最美孝心少年"。

凡是过往，皆为序章。2021年是辛丑牛年，习近平总书记在春节团拜会上强调，前进道路上，我们要大力发扬孺子牛、拓荒牛、老黄牛的"三牛"精神，以不怕苦、能吃苦的牛劲牛力，不用扬鞭自奋蹄，继续为中华民族伟大复兴辛勤耕耘、勇往直前，在新时代创造新的历史辉煌！我们要坚持以习近平新时代中国特色社会主义思想为指导，不忘立德树人初心，践行为党育人为国育才使命，全面落实立德树人根本任务，实施五育并举，领悟"三牛"精神，践行三完小的校训"立德立行，成就自我"，力求努力实现我校的目标"做最好的自我"，用实际行动迎接建党100周年"百年行动"，为开启宣章三完小教育高质量发展新征程开好局、起好步，为做一个幸福三完小人而奋斗。领悟"三牛"，争创校园品牌，大家努力做好以下三个方面的工作：

一、重学习，讲规矩，向善向上

有些老师"两耳不闻窗外事，一心只教圣贤书"，可近几年国家频繁出台了试图统一教育思想，规范教育行为的各项规章制度，操作规范和标准，可是他们以没有时间、以教学任务较重为由，停留在40年前，重复着昨天的故事。站在新的历史新的起点，我们要学习，学习党中央对书教育人的政策、法规和要求，重要领导的讲话以及有关规定，只有这样，我们才能讲规矩，向善向上。

首先，学习《中共中央国务院关于全面深化新时代教师队伍建设改革的意见》《中共湖南省委湖南省人民政府关于全面深化新时代教师队伍建设改革的实施意见》和教育部等七部门印发的《关于加强和改进新时代师德师风建设的意见》《中小学教师行为十项准则》等文件精神，和宜章县出台的《以党建引领强化师德师风建设的通知》，这就是我们教师的行动指南和行为准则。

其次，学习党史国史。以史为鉴，学史明理。我们紧跟时代要求，在党员教师中学习党史、新中国史、改革开放史、社会主义发展史"四史"的学习。

第三，学习十四五发展规划。党的十九届五中全会，通过《中共中央关于制定国民经济和社会发展第十四个五年规划和二〇三五年远景目标建设》，明确了"建设高质量教育体系"的政策导向和重点要求，这是我们要锚定2035年建成教育强国作出的决策部署，这是对学校的核心任务、育人方式、学校活力、教育治理体系越来越重视。

第四，学习有关规定。教育部为了加强中小学校对作业、手机、课后、校外培训机构的管理，还做了专门的部署和安排，如为了强化作业管理，要求学校严格按照规定控制作业总量，确保难度水平符合学生实际。坚决克服机械、无效作业，杜绝重复性、惩罚性作业。不得给家长布置或变相布置作业，不得要求家长检查、批改作业。如为了提高课后服务水平，推动落实义务教育学校课后服务全覆盖，时间安排要与当地正常下班时间相衔接，切实解决家长接学生困难问题。如对学生使用手机，要求按照"有限带入校园、禁止带入课堂"的要求。

二、爱工作，讲奉献，勤奋努力

本学期，机遇与挑战并存，我们要更加清醒地认识我们所肩负的重担。学校也将抓住"高质量发展"这个"牛鼻子"，认真贯彻党的教育方针，五育并举，全面育人，为培养德智体美劳全面发展的社会主义建设者和接班人。我们从德育工作入手，注重德育的实效性，提升智育的水平和质量，强化体育锻炼，增强美育熏陶，加强劳动教育和体验，全面发展，全面培养。

1. 抓党建，强意识，庆祝建党100周年。今年是建党100周年，也是继续深入推进党组织领导的校长负责制的重要一年。党支部制定有关集体学习的方案，深入推进"四史"专题教育，跟进学习习近平总书记最新重要论述，将党的十九届五中全会精神作为学校思想政治教育的重要内容。同时，积极开展"党建+"的工作，让社会主义核心价值观"进校园、进师生、进头脑"活动，让新思想深入全校师生心中。坚持"两学一做""三会一课"常态化、制度化，开展好每月的"主题党日+"活动，加强"五化"建设。此外，充分发挥党员示范岗、党员示范班的引领示范作用，将党风廉政建设与师德师风建设紧密结合起来，扎实开展专项整治，制定好"责任清单""正面清单""负面清单"，规范教师办学行为，严肃查处教师违纪违规行为。

2. 抓安全，明责任，全力打造平安校园。新冠肺炎疫情已经进入常态化防控，我们做好打"持久战"的准备，落实"两案九制"。同时加强安全和卫生教育，严格落实晨检和传染病防控工作制度，开展新时代校园爱国卫生运动，将不健康因素消灭在萌芽状态。努力打造平安校园，加强校园周边环境的综合治理工作，加大扫黑除恶宣传及排查工作，按照统筹协调、分工到位、职责明晰、加强督查、齐抓共管的原则，学校从严把好门卫入口关开始，建立护学岗，强化保障措施，利用集会、国旗下讲话、校园广播、班队会、讲座、LED电子屏幕、学校微信公众号等途径，及时、有针对性地对师生进行安全常识教育，增强学生的安全意识和防范能力。与全体家长签订安全责任状，明确学校安全管理规定及家校双方职责，发现校园周边问题要及时向相关部门反映，尽量争取协同解决。

3. 抓德育，促发展，落实培养德智体美劳全面发展的目标。党的教育方针明确指出要培养德智体美劳全面发展的社会主义建设者和接班人，这关乎国家教育战略，也关乎人的生命与灵魂。本期，我们围绕建党100周年，开展了"从小学党史，永远跟党走""学习新思想，做好接班人""开学第一课""全国中小学生电影周"等一系列的主题活动，学习《小学生守则》《小学生日常行为规范》，利用班队活动开展好做文明事、说文明话、争当文明小学生的活动，抓实学生的行为规范教育。同时提升智育的水平和质量，继续以舞蹈、书法、健美操、非洲鼓、篮球、科技、劳技、人工智能等兴趣小组活动项目为载体和平台，开展艺术劳动教育工作，并且整合各学科教学，培养"全面发展＋艺术特长"的人才，使学生生动活泼和谐发展，张扬学生个性。充分发挥家长学校、家长义工的作用，有序推进《家庭教育指导手册》的宣传推广和应用工作，落实《家长家庭教育基本行为规范》，强化综合实践育人，积极开展研学实践、志愿服务等综合实践教育。

4. 抓质量，重过程，提升教师教书育人的能力和素质。质量是学校的生命线，学校利用教学质量检测为导向，指导我们的教育教学工作，提高教师的教学水平和科研能力。我们抓年级组的集体备课、抓课堂常规的落实、抓信息技术的使用、抓作业的批改、抓课后辅导、抓考试评价，并由教学教研部门牵头来实施。我们学校继续落实多年来行之有效的教研训一体化的举措，利用信息技术，并按照"两个标准"和"两项常规"的要求，把信息技术与学科教学相融合，转变教师的理念和行为。更为重要的是，本期要利用信息化示范校在六月份即将验收的良好契机，提高教师的信息化素养，根据《湖南省中小学教师信息技术应用能力提升工程2.0考核细则》和即将出台的《宜章县中小学教师信息技术应用能力提升工程2.0推进工作方案》的有关要求，让全体教师转观念、有行动、都在2021年11月100%过关，同时在课堂教学、在学校管理、在家校合作等多方面多领域出现新局面，使教师信息化水平学科素养大大提升。我们要还继续以课题为龙头，以提高课堂教学效率、减轻学生过重的作业负担为突破口，以年级组、学科组为单位，加大力度实施校内"名师、骨干教师"青蓝工程，以年级组学科组捆绑的模式整体推进。在整体推进过程中落实师德师风建设十条禁令，不突破红线，全面提升教师的思想和业务素质。

5. 抓宣传，多途径，推进校园品牌建设。本学期，我们继续加大宣传力度，从教师到学生，从课堂到课外、从思想到行动，从文化的角度出发，把三风一训文化融入学校各个方面，不断拓宽宣传的内容，充分发挥校内的红领巾广播站、电子屏、校报、学校微信公众号和各级教育主管部门、政府部门的官媒、各种正规的报纸杂志等多种平台扩大学校教育的影响力，提升学校教育形象。让教师、学生、家长人人当好"宣传员"，充分发挥原来一些宣传骨干的作用，以传、帮、带的方式落实校级领导把关、中层干部引路、全体教师学生参与的宣传工作新局面，鼓励大家多撰写，让学校活动的各项活动、课改的实践和各类优秀人物不断涌现，做到名校有名人，名师撑名校，提升学校的知名度。

三、强管理，争效率，创新高

2021年全国教育工作会议指出，我国教育进入整体抓质量的新阶段，是教育工作重心的又一次历史性战略转移，"高质量"成为教育工作的主要目标要求和衡量标准。会议的召开释放了教育高质量发展的鲜明信号，吹响了向建设高质量教育体系，建成教育强国目标进军的号角。

落实高质量发展，要求我们必须加强学校管理，领导带头，率先垂范，遵守各项管理制度，更要求全体教职工齐心努力，万众一心、众志成城。无论从国家层面还是学校层面，我们所面临的师德师风提振、学校教师平均年龄偏大、五育并举的质量压力不断加大、家长仰慕优质资源、社会对高质量教育的需求不断增加等这些问题都是那样的具体，但是我们要迎难而上。

1. 修改完善多项方案。学校之前的一些工作方案是考虑了当时的一个情况，为了体现与时俱进，更好落实《宜章县教育局关于印发〈宜章县中小学（幼儿园）教职工平时考核工作实施方案（试行）〉的通知》（宜教字〔2021〕8号）文件精神，更好调动全体教职工的工作积极性，本期我们广泛征求大家的意见，集思广益、群策群力、多轮讨论，坚决落实从大局出发、从实际出发、从教职工利益出发来修改完善，将修改教职工个人平时考核、教师职称晋升、课后服务劳务费分配等列为重点，做到用方案引导管理，创新评价机制，使学校走上健康科学规范的新局面轨道上来。

2. 严格公开公示制度。学校继续采用督导室牵头，其他各部门配合的办法，对教师师德师风、教育教学、教学质量、德育管理和效果等各方面的情况采用定量和定性的办法考核，注重平时各项数据和资料的收集，实时公布，公开透明，实行专项工作一事一查一公示，教学常规一月一查一公示，部门数据一期一公示，做到时时清、事事清、人人清，特别涉及师德师风的和规范办学行为的人和事更要严格公开，接受全社会监督。

3. 严肃各项结果运用。学校对于各项公开公示的结果合理运用，同时作为各位教职工评优评先、年度考核、干部提拔、年终绩效发放的重要依据，也作为评选优秀年级组的重要量化依据。

2021 年 4 月

探学研教,"双减"有招

"双减"来了,我们怎么办?不只是家长尤为焦虑,老师也无所适从,那么,作为学校的管理者,我们应该怎样面对新形势?首先,我们要搞清什么是"双减"?"双减"一是减轻义务教育阶段学生过重作业负担,二是减轻义务教育阶段学生校外培训负担。此时提出"双减",是为深入贯彻党的十九大和十九届五

教师例会上的校长论坛

中全会精神，为了全面贯彻党的教育方针，切实提升学校育人水平，落实立德树人根本任务，着眼建设高质量教育体系，强化学校教育主阵地作用，深化校外培训机构治理，坚决防止侵害群众利益行为，构建教育良好生态，有效缓解家长焦虑情绪，促进学生全面发展、健康成长。这是一次从上至下的教育革命，全社会包括行政部门、学校、家长、老师、学生都要参与其中。宜章教育局在本期开学初，出台了有关方案，拿出了具体的举措。作为学校，我们也在这样的大背景下拉开了"双减"的序幕。怎么办？怎么干？一系列问题摆在领导和教师面前。我们希望三完小人有责任、有担当，积极面对问题，摸着石头过河。

其次，要搞清我们做什么？在之前的工作中，我们定准方向，做了大量的工作，特别是在坚持和探索党组织领导的校长负责制改革，实施"党建+融合创新"工作，统筹推进学校的安全、德育、教学、教研等方面取得了成绩。但是我们知道成绩属于过去，新学年新起点，我们要开启新征程。本学年是"双减"政策出台后的第一年，我们要正确把握党的教育方针，深学笃行习近平总书记考察湖南在郴州重要讲话指示精神，秉持教育初心和教育情怀，把立德树人作为根本任务，教育引导学生培养和践行社会主义核心价值观，培养德智体美劳全面发展的社会主义建设者和接班人，聚焦主责主业，坚定不移落实质量立校，秉承"立德立行，成就自我"的校训，"做最好的自我"的目标努力前行，努力办好人民满意的教育。2021年新学年有诸多新变化，受全社会关注度最高的莫过于"双减"政策的落地。

政策落地后，涉及不同部门、不同的群体，我们最为关注的是学校，学校的教与学，学生的学习方式，家校沟通，亲子互动等都发生了深刻的变化。我们本期的一个重点就是在提高教育教学质量和服务水平、作业布置、课后服务等几个方面下足功夫。

第三，要搞清我们怎么做？新学期在双减政策背景下，一要抓师德师风。我们要通过开展"校长论坛""专题研讨"，书记上党课，"微党课"等活动，加强思想政治教育和师德规范教育。同时把领导班子队伍、班主任队伍、党员和普通教师几支队伍用文化影响人，用制度管理人，打造一支师德强、师风正的风清气正的队伍。二要抓课堂质量，向40分钟要质量，让我们的课堂教学呈现蓬勃的生机。我们要聚焦学科的特点、聚焦核心素养，让学生吃饱吃好吃扎实。本学期我们打算在加强教学开放日活动的基础上，开展一次大型的教学比武。我们从三维目标的达成、学生的小组合作学习方式的运用、信息技术的融合和课堂作业的设计几个方面提质减负，实现课堂高效和达成学生学科素养的提升。三要抓同伴互助。我们学校一直在实施以校为本的教研训三位一体的模式时，严格落实一周一研修、一月一主题、一季一通报和一期一考核的教研机制。本学期我们继续加大学科组的大教研活动强度，加强学科之间的融通，同时以年级为单位，以课题为龙头，以课堂为阵地，以作业布置与批改为重点，开展青蓝结对、同课异构落实"双培机制"，实现政策落地。

第四，要与"五项管理"相结合。教育部出台了针对学生作业管理、体质健康、手机管理、睡眠和课外读物这五个方面的管理措施，每一项都有具体的要求。如在作业的布置与批改方面就要求定性、定量，要求围绕主要问题和知识点所涉及的问题设计作业，减少不必要的重复性机械性作业。

第五，要守住底线。从各级教育主管部门出台的政策可以看出，把"双减"政策的落地与规范教师从教行为，禁止教师到校外培训机构有偿兼职、家教家养和违规补课都有明确的要求,也成立了相应的组织机构保障运行。当然,"双减"的落地还处于探索阶段,可以说万里长征我们刚刚迈出第一步。要构建高质量的教育体系,减下去的是作业,增上来的是教育质量和效率,我们还有诸多的问题需要解决。任重道远,我们"负能"前行。

2021 年 10 月

铆足虎劲担主责，全力以赴创佳绩

金牛辞岁携冬去，乳虎啸谷报春来。2021年三完小人继续以党建引领，积极推行党组织领导的校长负责制改革，把学生放在学校的最中央，平稳科学有序度过了难忘的一年。这一年，我们发挥"三牛"精神做好各项工作，被县教育局定为年度综合绩效考核优秀单位。这是一项特别注重日常和过程性管理、体现学校工作成效的荣誉，考核的内容涉及综合评价、日常管理工作、年度重点中心工作、教育教学质量、学校管理成果、加扣分六项内容。全县各级学校分成五个组，我们三完小是县属小学组。县属小学组一共有八所学校，只能表彰前三名。我们三完小是属于被表彰的前三名的学校之一。

这一年，学校党支部被评为一举支部。我们充分发挥党组织的战斗堡垒作用，积极推进

作者在校长论坛上讲话

党组织领导校长负责制改革，取得了一些经验，形成了一些案例，其中，"党建+德育""党建+少队""党建+教学实践"都被评为县十佳案例，"党建+师德师风"案例被评为市级优秀案例。

这一年，我们的教学质量排在同类学校第一。其中六年级、五年级抽考排名第二，县运会中荣获第三，大课间活动评选荣获第二名。在县艺术节中，"三独"（独唱、独舞、独奏）比赛学生表现出色。在科技方面，突出课内培养兴趣加课后服务提升品质的办法全面发展，在人工智能教育成果展示活动中被评为优秀组织单位。

这一年，我们本着"做最好自我"的目标，人人都不断进步，不断超越自我。其中，黄萍被评为郴州市好网民，曹利被评为县级宣传工作先进个人。学校有84篇稿件在省级和市级报道，被评为"宜章县教育宣传工作先进单位"。

这一年，我们落实"双减"政策下课堂教学改革、作业改革。教师的论文89篇在省市获奖，李欢等3人在省市级教学比武中获奖，我们三个省市级课题结题，被评为县级教科研先进单位。

这一年，教育局把全县各级各类学校划分为十二个共同体，我们属于一中共同体的责任单位。我们按照实施方案开展了管理、师资研训、技术、驻村、质量、党建等七个方面的帮扶，得到了教育局的肯定，被评为"县城乡结对帮扶共同体工作先进单位"。

这一年，我们树牢安全第一的思想，按照校园"安防"四项建设"4个100%"的要求，重视安全教育和安全管理，定期开展隐患排查和安全演练，扎实推进食品安全管理、疫情防控、预防学生溺水、预防学生欺凌、校园周边治理等安全重点工作,被评为"郴州市平安校园"。

过去的一年,说不上硕果累累,但也可说是星光点点。北京冬奥开幕式的主题曲《一起向未来》还在我们耳边回响,2022年春季学期如期而至。作为三完小的主人为了让新年有新气象,我们今年校门口张贴了"双减落实五育并行夯柱楚,党建引领德才兼备绽芳华"的对联。这是我们对过去一年工作的总结,更是对新学年和新学期工作不忘初心和深度参与的使命和担当。我们要清醒地认识到开学就是开跑,要跑出加速度,我们努力做好这几点:

一、抬头看清政策要求,搞清当前形势的目标方向

2022年是党的二十大召开之年,也是全面落实省、市、县党代会精神的开局之年。今年全县教育工作的总体思路是:以习近平新时代中国特色社会主义思想为指导,深入学习贯彻党的十九届和十九届历次全会精神,深刻认识"两个确立"的决定性意义,认真贯彻落实省、市、县党代会要求,不忘立德树人初心,践行为党育人为国育才的使命,持续打好"双减"攻坚落实战,深入推进学前教育普及普惠发展,大力推进义务教育优质均衡发展,加快推动普通高中阶段教育特色多样化发展,全面规范民办教育发展,着力构建与宜章"五区三基地"发展相适应的高质量现代教育体系。

高孝书书记说,我们的教育工作要想干对,就要看清楚上级的政策要求,今年省市县教育行政会议的精神就是学校工作是不是干对的方向标和指南针。如今,中小学校目标管理水平的考核采取月考核加专项考核已经成为常态,注重过程性管理和工作实绩并重,要想继续成为年度考核优秀单位,我们必须要在做好常

态工作的基础上出新招、出成绩。

二、立足实际锚定工作，落实立德树人的根本任务

今年我校的目标就是：以习近平新时代中国特色社会主义思想为指导，贯彻落实党的十九届六中全会精神，贯彻落实省市县党代会精神，按宜章县教育局2021—2022学年工作总体部署，结合学校实际，坚持立德树人，坚持"成就最好的自我"的办学目标，努力争创湖南省郴州市一流学校。

我们要坚持"安全第一、健康首位"的思想，筑牢安全防护网，以党建工作为引领，坚持德育为先、智育为重、体育为基、美育为要、劳动为本，五育并举的原则，全面推进学校课程思政、提高课堂教学水平、提高作业设计水平和提高课后服务水平；以抓师德师风建设、抓教学常规、抓教科研、抓督查评价工作为主线做好各项工作；继续做好"县一中共同体"各项工作，努力为宜章县教育优质均衡发展贡献力量。

三、沉下身子主动定位，担起教育教学的主责主业

我们都有一个共同的目标愿景，希望学校好，希望老师好，更希望学生成长成才。为了达成这样的共同目标，就要当好倾听者，我们要沉下身子去倾听来自基层的声音。听课时关注教师教学和对管理的声音，开展活动时倾听教师对事业的热爱和对学生关爱的声音，工作之余倾听老师唠叨中听出的关心和喜怒哀乐的声音。"双减"政策下，我们要倾听家长的声音，对政策的理解，对是非曲直的观点，用马克思主义的哲学观去思考和解决问题，都围着培养什么样的人和为谁培养人这个指挥棒去行动。同时当好服务者，我们一定要设身处地地站在老师、学生和家长的角度去服务，对于他们心中的疑惑要解答，这是服务；对于政策的不理解，我们给予解释，这是服务；对于在工作过程中的合理需求，我们想办法解决，不能解决的也要进行解释，这也是服务。还要当好学校代言人。学校的校风是"明德笃行"，我们就是希望每位三完小教师都要践行"正德范行"的教风，以校为荣，有"校荣我荣，校衰我耻"的荣耀感，把教书育人当成自己的主责主业，把关爱学生，培养优秀的德智体美劳全面发展的社会主义建设者和接班人当成终身目标。我们希望我们的学生树立"今天我以三完小为荣，明天三完小以我为荣"荣耀感，践行"尚德践行"的学风，成为自强自立自信的新时代新人。

人勤春来早，奋进正当时。我们希望大家过虎年虎力全开，铆足虎劲加油干，做到开学就加油，开学就冲刺，在新的一年加压奋进，做出优异的成绩向党的二十大献礼。

2022 年 3 月

抓"精准扶贫"，促"学有所成"

昨天接到扶贫队队长的电话，要我在今天的扶贫工作推进会上做个简单发言，我忐忑不安，心有余悸，觉得没有做好，更讲不好。但是他把电话挂断后，我想：我就实话实说，说得不好说的，不对的，请领导批评指正。

一、转变思想，责任认识到位

2017 年 3 月份，我校根据县教育局宜教字（号）《宜章县教育扶贫"学有所成"专项帮扶活动方案》有关文件精神，认真组织学习，积极开展工作，层层落实责任。一开始，大家不理解为什么要开展这项活动，觉得这是政府部门的工作，与业务部门无关，我们教书育人就是做好自己的事——教书育人。我通过组织大家了解相关政策和学习文件，从政策、形势、责任三个方面让大家认识到这件事与我们有关，我还通过对比的方法告诉大家县属中学的任务比我们还要重，他们和其他单位一样有下村到户的任务，我们的任务与之相比较还算是小的，让大家明白这项工作与我们教育人有关与学校有关。我们结合学校工作实际让大家明确我们的重点是"学有所成"专项扶贫。以前没有说专项扶贫，我们一直在做，现在因为重视，要求更高了，我们必须比以前做得更好。希望大家克服害怕和畏难情绪，认真做，高质量做，将其与自己的工作职责相结合，与日常管理、教育教学等工作相结合，更为重要的是，要把这项工作摆在与学校师德师风建设、提升教师职业道德，增强教师工作获得感的高度上，把教育扶贫工作抓好抓实抓出成效。为此我校专门成立了以校长为组长、欧小莲副校长为副组长，所有行政人员为组员的教育扶贫领导小组，还成立了以欧小莲为组长的工作小组，各部门齐抓共管，主抓精准扶贫工作。做到方案集体定，活动有人管，事情有人做，扎实有序地推进"学有所成"教育扶贫专项工作。

二、制定方案，明确责任到位

为了拿出实实在在的工作实施方案，保障该项工作的顺利进行，我们领导小组成员专门召开会议研究工作目标、工作内容和人员分工等具体工作的实施，把目标定位在实现教育均衡发展的高度上，把内容定位在与日常教育教学管理相结合上，把对象定在贫困学生上，把重点定位在解决残疾儿童、建档立卡户贫困儿童、家庭经济贫困儿童、亲情缺失儿童、监护不力儿童上，通过认真摸底、谈心疏导、开展活动、家访互动等多种途径积极开展"学有所成"教育扶贫专项工作。做到领导带头做，在老师中全面铺开的探索关爱贫困学生的具体途径和工作机制，使贫困学生在物质上得到关怀，心灵上得到关爱，情感上得到关切，学业上得到关注，确保贫困学生学习进步，学有所成，健康成长。

三、明确要点，细化责任到位

我们本着"缺什么就帮什么"的工作要点，对残疾儿童、建档立卡户贫困儿童、家庭经济贫困儿童、亲情缺失儿童、监护不力儿童各班摸底上报，发现全校残疾儿童13人、建档立卡户贫困儿童44人、家庭经济贫困儿童62人、亲情缺失儿童49人、监护不力儿童18人，所有帮扶的对象共137名。我们让全校领导和教师开展"一对一"的师对生的结对帮扶思路，积极制订个人帮扶计划开展工作。学校要求所有人员落实"五有"，即帮扶有计划、谈心有照片、活动有记载、家访有足迹、学业有成效，把帮扶工作与教师年终评先评优、绩效考核工作挂钩。

四、营造氛围，深化责任到位

这段时间以来，学校通过微信、QQ、校讯通、微信公众号、广播、宣传橱窗、集会等多种平台宣传"学有所成"专项帮扶活动的开展情况，了解到三年级125班的孩子在班主任的带领下到彭长云家献爱心1800元，114班钟华女对李江苏家长的启迪帮助让心灰意懒的妈妈点燃生活的希望，110班谭老师将爱传给吴俊，让逃学的他留住了脚步。还有，我校在本届艺术节上课本剧《心中有爱，学有所成》，就是根据我校学生、老师原型进行重塑编成的故事。在比赛中，学校还利用学生家长广泛宣传。学校向吴俊等13名同学每人捐赠300元钱，向李俊杰同学捐赠800元现金。少先队大队部和各班中队发挥少先队的优势，利用"爱心屋"让班主任、科任教师、成绩优秀的同学密切关注帮扶学生的思想情况及心理情况，及时开展"谈心谈话"活动，了解贫困学生生活中的困惑，用真诚触动学生的心灵，引导他们正视自己的生活，积蓄正能量，催自己奋进。一大批感人事迹在三完小里悄然开花。

2018年10月

示范引领篇

- 《杠杆》的教案
- 《垃圾的处理》教学设计
- 《斜面的作用》教学设计
- 运用"三讲",上好科学课
  ……

《杠杆》的教案

执教老师：范向梅

一、引入课题

老师直接复习，上节课我们学习了什么（简单机械），是的，简单机械可以方便、省力。

活动1：现在老师碰到一个难题。老师带了一个牛奶罐子，想要打开，结果没成功。谁能借助工具帮老师打开呢？（指一名学生上来，打开。谢谢，你能借助工具帮忙，很聪明。）

活动2：真对不起，老师的锥子掉到了桌子底下，谁能帮我把讲台抬起来？大家想想办法看看。（请学生出谋划策）

二、认识杠杆

1. 今天，老师介绍给大家一种非常简单的，却能很轻松地完成工作的工具——杠杆。（板书课题）

（看微课视屏）请大家认真看，你知道了什么？待会儿要汇报的。

什么是杠杆？——在一根棍子的下面放一个支撑的物体，就可以用它撬起重物，人们常把这样的棍子叫撬棍。而今天我们科学地把像撬棍这样的简单机械称为"杠杆"。

2. 杠杆的各个部分名称和定义。

阻力点、用力点、支点。

杠杆上有三个重要的位置：支撑着杠杆，使杠杆能围绕着转动的位置叫支点；在杠杆上用力的位置叫用力点；杠杆克服阻力的位置叫阻力点。

3. 压水井、跷跷板。

4. 知道了哪些是杠杆，哪些不是杠杆？（找一找"三点"）

5. 学生自己体验杠杆尺的组成及变化。

三、研究杠杆的秘密

1. 猜想：刚才我们用杠杆轻松地撬起了讲台，那是不是所有的杠杆都是省力的呢？（学生一般认为都是省力的，还有不有其他情况出面呢？可能费力，也有可能不省力，也不费力。）

2. 让我们用杠杆尺这个工具，来帮助我们更好地进行研究。（指示教具进行讲解）

（1）对杠杆尺的构造进行介绍和使用方法。

（2）教师问题的提出：如果我在杠杆尺的左边第四格挂上四个钩码，表示重物（阻力点），要使杠杆尺保持平衡，我应该在杠杆尺的右边什么位置挂上几个钩码？（请同学上台来试一试，并说说你是怎么想的）

还有其他方法吗？（教师边实验边板书左边钩码数4个，格子数四个，右边4个，格子4格……多探索几种情况）

（3）接下来前后四人小组进行合作，开展实验，要求是改变左边的钩码数和格子数，右边也改变，并且把数据记录在P6上的表格内。完成实验之后再把实验数据进行统计：省力情况有（　　）种，费力情况有（　　）种；不省力也不费力情况有（　　）种。

对所有的数据进行观察和分析。

在什么情况下，杠杆省力？

在什么情况下，杠杆费力？

在什么情况下杠杆不省力也不费力？

（4）教师进行总结：省力、费力、不省力不费力各情况的比较和分析，并做出图示板书。

四、收集数据步骤的反思

我们是按怎样的方法步骤收集数据的？哪种方法更合理？

五、全课小结

学会了什么？

2018 年 9 月

[校本培训示范课]

《垃圾的处理》教学设计

执教老师：范向梅

教材分析：

环境是人类赖以生存的条件，人总是在环境里进行着平凡的物质能量交换。生产力的巨大发展，在带来丰富物质生活的同时，也带来自然资源的破坏和环境的污染，直接危害着整个人类的健康和安全。当前，环境问题已成了人类面临的重要问题，保护环境成了人类共同的战略性任务。

科学课程，十分重视对学生的环境教育。其在总目标中提出，学生通过科学课程学习，能积极参与资源和环境的保护；在内容标准中提出，要使学生认识到人类是自然的一部分，既依赖于环境又影响着环境，影响着其他生物的生存，要意识到物质的利用会给环境带来正面和负面的影响，人对环境负有责任，要意识到人与自然要和谐相处等。科学课程中的环境保护内容侧重于环境与人的关系，特别是人类活动对环境的影响。

本单元试图从科学的角度指导学生了解人类活动对环境的影响，环境保护的重要性，培养他们的环境保护意识，并能够从身边的点滴小事做起来，开展环境保护行动。本课垃圾处理的方法是让学生知道：可以通过自己的行动减少垃圾及对垃圾进行科学化处理。期望通过课堂上的讲解，使学生对垃圾带来的问题和解决这些问题的科学方法有比较全面的了解，对环境保护的认识体现在行动上。

本课介绍了两种处理垃圾的方法——填埋法和焚烧法。填埋是现阶段我国采用的主要方式，大多数垃圾填埋方式都是简单填埋。但填埋的垃圾时间长了可导致大气污染，水污染等二次污染。学生一般都知道垃圾最后是要集中填埋的，但他们没有去想垃圾集中填埋会产生什么问题。这一课就是引导学生去研究这个问题，设计能有效避免这些问题的合理的垃圾场，了解焚烧方法的利弊。进一步思考：怎样做才是解决垃圾问题更有效的方法？

教学目标：

1. 科学概念目标：目前处理垃圾的方法有填埋和焚烧，简单的填埋和焚烧同样会造成环境污染。

2. 科学探究目标：通过填埋垃圾的模拟实验，观察、分析简单填埋垃圾的危害，从而考虑设计合理的垃圾填埋场。

3. 科学态度目标：引导学生对垃圾问题的进一步关注和思考，提高他们的环保意识。

4. 科学、技术、社会与环境目标：设计合理的垃圾填埋场，可以有效减少对环境的污染。

教学准备：

1. 分组实验材料：烧杯、细沙石、浸过墨水的纸巾、喷壶、水。

2. 教学课件、实验报告单。

教学过程：

（一）引入新课

谈话引入：同学们家里每天都要产生垃圾，这些垃圾是怎样处理的？

（倒垃圾桶）。这是一个文明的行为。这些垃圾后续又是怎样处理的呢？这节课，我们一起学习。板书课题。

[教学思路：这个环节用谈话直接引入课题，简单、快捷，激发了学生学习的兴趣。]

（二）新授

1. 露天堆放垃圾的危害。

请同学们看一则视频，边看边想，你想说点什么？（看视频）

（生回复）这些居民把垃圾倒在校门的围墙外，久而久之产生了臭味（师板书：污染空气），臭水横流（污染土地和地下水），滋生蚊蝇（病菌伤害身体），占地面积大。这些垃圾不仅影响了周围居民的生活环境，也影响了学生的学习，更会引发疾病，影响身心健康。

一个小区露天倒垃圾尚且出现这样严重的恶果，（边讲边看课件）那还有医院、建筑工地、工厂、餐馆产生的这么多垃圾也露天堆放，后果又会怎样呢？那你有什么好的点子？

[教学思路：这个环节点出露天堆放的危害，引发学生的探索欲望。]

2. 自学，找出填埋和焚烧两种方法。

书中介绍了哪几种处理垃圾的办法？（生边回答，师边板书：填埋和焚烧）

你认为填埋和焚烧能解决露天堆放所产生的问题吗？

示范引领篇　085

3. 填埋垃圾的模拟实验。

把地上的垃圾埋到地底下就是填埋法。接下来我们利用桌面准备的器材来做一个模拟实验。请看实验,按要求完成。

课件:实验要求:

(1) 小组讨论:模拟实验中,这些实验器材代表什么,请完成实验报告单1。

(2) 仔细阅读书上的实验方法,明白实验步骤后,进行模拟实验。

(3) 注意观察实验现象分析,得出实验结论,填好实验报告单2。

学生实验,老师巡视。

学生汇报:实验中,我们利用什么?模拟什么?发现了什么?得出了什么结论?

其他小组还有需要补充、说明的吗?

联系实际想一想,假如某村旁边就有一个这样的垃圾填埋场,你觉得用这样的方法处理垃圾行不行?

[设计思路:这个模拟实验是本课的重点之一,我采用让学生分组实验的方法让学生自主探究,培养了学生的动手能力和思考问题的能力。]

4. 改良垃圾填埋场。

问:你会用什么点子把它改良成一个新型而又环保的垃圾填埋场呢?

生:小组讨论后汇报。(隔离法使垃圾不外泄露)

我们的环保专家也想到了这个办法。课件出示新型填埋场的剖面图,你看懂了什么?

师点出:烧杯就是隔离层,所以桌面没有被污染。也就是说，被隔离了的垃圾场以外的土壤还是没有被污染的，但是垃圾场里的土壤和地下水，还是被污染了。是的，用填埋法减少了对地表土壤和地下水、空气的污染，但是没有解决占地问题。

填埋法有什么优点和缺点呢？

再问：这样的填埋场能干什么，不能干什么？为什么？

[设计思路：这个环节是本课的一个重点，也是这节课的难点，老师在这个环节中让学生分组讨论，打开学生的思路，也是培养学生学习科学，并用好科学的习惯和能力。]

5. 自学焚烧法。

我们一起来了解什么是焚烧法。各有什么优缺点呢？（请大家看书后填写并回答）

垃圾焚烧是会产生热能的，这些热能既可以供取暖，也是可以供发电的。解决了污染土壤和地下水的问题，但对空气造成二次污染（二噁英）呢？再说，燃烧可以产生热能，但是成本很昂贵，这也是新的问题。

（三）拓展

1. 对比。

今天，我们学了两种处理垃圾的办法，你认为哪种好呢？为什么？（各有优缺点）

2. 还有更有效的办法吗？

[设计思路：每个知识点的获取都务必层次清楚，不会因为学生的混淆而搞不清，老师当用一个个问题把本课知识串联起来，让人耳目一新，就像看到一串晶莹剔透的珍珠。]

（四）课堂小结

这节课我们学习了什么？你有什么收获？

师小结：两种不同办法，各有优缺点。垃圾问题，在我们国家已经引起了高度重视,并把生态文明建设纳入国家总体规划布局。习近平总书记参观上海垃圾分类处理系统后也说道:"垃圾分类是社会新时尚。"其实,这就是解决垃圾污染的一个有效举措。有关知识,我们会在后续章节中继续学习。我们提倡要做卫生小公民,减少丢弃,保护环境,做一个环保小卫士,从自己做起,从小事做起。

教学反思:

通过上本节课,我有以下体会:

1. 对教学过程的反思。

关于垃圾的处理问题,学生依据知识储备,已了解垃圾处理主要有填埋和焚烧两种,但这两种方法会对环境造成什么影响,却知之甚少,这便是本课所要解决的问题。本课的教学活动,通过模拟实验、讨论交流,帮助学生认识垃圾处理对环境造成的众多影响。

填埋垃圾的模拟实验,操作上并没有什么困难。通过学生实验,学生清楚地看到了瓶子底部的水被污染而变色的过程,也能够明白模拟实验中的各部分分别代表着自然界的什么物体。这个实验操作简单,实验效果好,有一定震撼力。通过实验,学生意识到随意填埋垃圾对环境的污染。而且对由此针对模拟实验中的各个部分进行改进处理,设计更为科学合理的垃圾填埋场,都能分析得头头是道,切中要害,所想到的办法也符合现实生活中的应用。在此基础上,向学生介绍"新型垃圾填埋场"示意图,从而加深理解,也使学生获得成就感。再引导学生分析垃圾填埋处理的其他问题,如占用土地,分解速度慢等。

对比垃圾填埋方式的优点与缺点,引导学生分析垃圾焚烧方式的优点和缺点,学生也能够较好地进行分析归纳,没有什么问题。在总结本课活动时，老师进行了强调："虽然将垃圾填埋或焚烧都有各自的优点，但并不是解决垃圾问题的最佳办法。"由此引发思考：寻找解决垃圾问题更有效的方法。将活动引入下一课教学。

2. 对于信息技术要熟练。

在信息技术2.0的要求中，要求我们教师信息化素养在原来的基础上要得到一个提高。我自己也一直在践行着。一般的情况下，跟其他学校的领导相比较，我的信息化操作素养和理念是比较强的。在这个方面，我可以说是比较自信的。可这回试教时，课件里的视频居然无法播出。究其原因，是我从网上搜集的有关垃圾处理数据的视频，授课时由于网络的断线，致使这个材料无法正常地播放。重新开机后，再搜这个视频，结果却找不到。这个细节让我知道，上课教师的信息化素养是很重要的。不管是课堂上发生了什么状况，都要能很快地解决；课前准备的资料不管怎么样，都要能充分的运用起来。视频无法播放事件，虽然没有耽误其他的上课内容，但是让自己确实心慌了一阵。长期的在领导工作岗位上总感觉信息技术是老师的事情，结果轮到自己上课的时候，却因为信息技术问题，让自己无法播放这个视频。之前对信息技术这一块感觉自己操作也还比较熟练，对于一些特殊的情况和问题的处置也还不错，没想到居然在这一块出了问题。

3. 对教材要熟练。

科学教学的要求老师要搞清楚，科学教材的目标也要搞清楚，这也是教材的要求。所以我比较侧重对教材内容的分析。六年级科学这两册教材，我这是第3次上课。尽管对于环保问题这一块在生活中积累了相当多的经验，但要把课本上的内容与生活中的经验结合起来，并且让学生自己掌握却不容易。在备课环节，我把这一单元的内容教学建议和教材说明看了两遍，感觉自己对教师教学用书比较熟练，对这一块知识脉络和本课内容比较熟悉。但是在教材内容的处置以及深挖教材的内容等方面，我感觉自己还是要下一番功夫。最后，我在关键的两个地方着力，一是演示实验，二是垃圾池的建设。我在这两个环节中对教材进行了改编和处理，让学生先想后做，最后再来谈。这样处理教材，在原来的基础上，让学生更加容易接受。

2022 年 4 月

《斜面的作用》教学设计

一、教学背景

　　这一节课，学生将通过观察生活现象认识一种新的简单机械——斜面。他们还将在实验中对比测量直接提升重物与斜面提升重物所用力量的大小，也将在实验中更深入地对比研究同一重物在不同坡度斜面提升时的用力情况。在前面一系列简单机械原理及作用研究的帮助下，通过认识斜面，提出"斜面是否能够省力"的科学问题，设计出简单的对比实验，并进行实验研究。通过学习，学生可以获得对简单机械斜面的作用及省力原理的认识。

　　在漫长盘旋的公路上，汽车都能正常行驶，而在特别陡峭的山路上，马力小的车就感到吃力了；我们在走坡路时，走坡度大的斜坡明显比走平缓的斜坡吃力。但是怎样用科学的实验来说明斜面的作用及坡度的大小与用力大小的关系呢，这就是本课要探究和解决的问题。

二、学习目标

　　1. 知道像搭在汽车车厢上的木板，那样的简单机械叫作斜面，斜面可以省力。

　　2. 会制订一个简单的研究计划，并用实验的数据来说明斜面的省力规律。

3. 积极参与科学实验，愿意与同学进行合作交流。

三、教学重点

1. 斜面的组装。

2. 认识斜面是如何省力的。

四、教学难点

如何把学到的知识运用到生活中去。

五、教学准备

为每组学生准备：1块搭斜面的平面板状材料、4个不同高度的小物品、1盒钩码、1个测力计。

为全班学生准备：有关斜面机械使用情境的图片或视频资料。

六、教学过程

（一）引题

老师带来了一桶水，想把它放到桌面上，我请两个大力士来帮忙。

（生抬水）

谢谢你，老师一个人还真有点难办。很多时候一个人解决不了的问题，两个人帮忙可以解决，但有时只有一个人在场，那还有什么其他的办法呢？我们可以借用简单机械斜面。（引入课题，并板书）

（二）新授

1. 什么叫斜面？

（看课件1）像搭在汽车车厢上的木板，那样的简单机械叫作斜面。

评价：本课的学习从生活现象引入，让学生形象地认识"斜面"这一新的简单机械。斜面概念的呈现也是描述性的。

2. 斜面的作用。

实验一：

斜面省力吗？要想搞清斜面是否省力，我们最好的办法要怎么办？（实验）

你会怎样设计实验呢？

利用桌面摆了一些器材：斜面、小车、测力计、钩码。

老师先介绍器材使用方法。

斜面：旁边有螺丝可调节坡度，斜面与地面形成一个夹角，夹角越小，就是坡度越小，夹角越大，就是坡度越大。

小车：相当于重物，上面的车身可以继续加钩码，代表继续添加重物的重量。

测力计：出示课件，要归零，要匀速，要平行，视线平行着看刻度。

钩码：50克的重量要0.5牛的力。

比如老师直接用测力计称小车的重量，因为只有1牛的限定，看读数可以知道提升力是多少？在小车上加一个钩码，测力计不用测量，就可以知道他们的提升力就是加0.5牛的力。

同学们能根据这些器材写出实验计划书吗，先定名称、再定实验器材、最后实验步骤。（课件依次呈现）

生先讨论，边示范边讲解过程，学生实验，再对照数据汇报。

（搭斜面，测直接提重物和在斜面上提重物的两种情况的力，做三遍，一遍是拉空车，第二遍是加0.5牛的重物，第三遍是加1牛的重物。边做实验边记录数据。再比较，最后说出实验的结果。）

要求按照步骤做，自行巡视。

学生汇报，老师用手机展示学生的实验记录单，得出结论：斜面省力。（板书）

评价："斜面能省力吗？"教科书中四个学生的对话提示至少要做好三个方面的准备或研究：直接提升重物和搭个斜面进行模拟实验；自己拟订科学实验计划；对比研究直接和用斜面提升重物的用力情况。

在这个研究中，学生们会发现同一物体从斜面拉上去用的力都小于直接把物体垂直提上去用的力。所以斜面能省力。

3. 研究不同坡度的斜面有什么不同。

实验二：我们刚刚搞清了一个问题，斜面能省力，那么，斜面的省力与什么有关呢？

生猜测：与坡度、长度有关。

到底有无关系？我们还是通过实验的方法来验证。怎样设计实验呢？

生答：用不同坡度的斜面来测量提升物体的力。

学生按照实验步骤实施，教师巡视。

汇报：你发现了什么？斜面都能省力，坡度越小越省力，坡度越大越不省力。（板书，特别注意不能写"费力"）

教师补充：两个实验可以合在一起，教师演示，当直接提升重物时就是夹角为90°，这是最大的坡度，后面坡度越来越小，越来越省力。

评价：斜面能省力是对斜面作用研究发现的。科学研究往往是在有了研究发现后又提出新问题，使研究更深入。那么，斜面省力大小与斜面坡度大小有什么关系吗？按照教科书中的设计，组织学生开展实验，并记下相关数据。对比表格中的实验数据，学生们可以清楚地看到坡度越小用力越小，坡度越大用力越大，直接垂直向上提重物相当于坡度为 90°，用力最大。由此可以得出结论：斜面都能省力，坡度越小越省力，坡度越大越不省力。

4. 联系实际研究斜面在生活中的应用。

找一找，我们生活中哪些地方应用了斜面的原理。

解释用螺丝刀比用钉锤能轻松地将螺丝钉钉入或取出的原因。

解释盘山公路为什么要修成"S"形。

看一组课件展示，再次了解斜面的作用。

建筑师在设计时，也是通过大量的实验，最后选择最合适的斜面达到省力作用的。

你在生活中，哪些地方见到过使用斜面？（幼儿园滑滑梯、高架桥、医院的通道、高山的马路、切菜用的菜刀、螺丝钉）

评价：生活中应用斜面的地方是很多的，这里让学生在生活经历中去发现。教科书中呈现的立交桥的引桥和螺丝钉，可以帮助学生从大的设施到很小的工具各个方面去寻找斜面。比如文具盒里的剪刀、卷笔刀等刀具的刀口；生活中的斧头、菜刀、楼梯、盘旋的山路、高速公路立交桥的引道、螺丝钉等。一条直的上山的公路的坡度很大，而"S"形的盘山公路由于路程的延长而坡度变小。螺丝钉的螺纹相当于盘山路，延长了路程，坡度变得很小，因此用螺丝刀转一转就能轻松地将螺丝钉推进木头里。在前面取出钉子和螺丝钉的实验中，由于钉子没有螺纹，相当于坡度很大，用羊角锤使劲才能取出钉子；而螺丝钉有螺纹，坡度变得很小，用螺丝刀就能轻松地将螺丝钉取出。

（三）总结

这节课你有什么收获？

示范引领篇 095

让学生小结学到的知识，更要小结学到的方法，通过实验得出结论。

评价：整节课通过实验，帮助学生深入思考不同坡度的斜面省力情况有什么不同。学生交流、完善计划，并开展实验活动。分析实验数据：坡度越小，用力越小，坡度越大，用力越大，直接垂直向上提重物相当于坡度为 90°，用力最大。所以得出结论：斜面都能省力，坡度越小越省力，坡度越大越不省力。

2019 年 9 月

运用"三讲",上好科学课

"良好的开端是成功的一半",这话说得一点也不假。作为一个既担任学校领导,又任教《科学》的老师,更是感觉到这句话说得很实在,也很重要。自从学校被定为郴州市培养小学生科学素养的科研基地以来,为了重视科学教学工作以及此方面的教育管理工作,我们加强了力量,从乡镇学校选调了老师过来,同时作为学校负责人的我,也从教《数学》调整为教《科学》,一教就是几个年头。我除了钻研本学科的课程标准,做到依标依本,更会根据学生的基础来培养学生的科学素养。每到一个学年开始,我都会花大量的时间了解学生的基础,了解学生的兴趣,认真地上好第一节课。

一、讲知识要点

教科版六年级教材我连续用了三年,每年我都会认真的学习教材,同时,学习教师教学用书,了解其中内容梗概和各单元的教学建议,还会结合上一个年度中有关教学能力点学生掌握的难易程度,用简单明了的语言给同学们进行介绍。本次学习的内容由工具和机械、形状与结构、能量和生物多样性四个单元组成。在工具和机械这个单元里,学生要学习选择使用工具并体会它们的作用,研究四种不同的简单机械,杠杆、滑轮、轮轴、斜面以及自行车上的简单机械。

二、讲学法要点

32年的教学实践告诉我，每新接一个班或者新交一门学科，老师对孩子们所定的规矩是最重要的。什么东西可以干，什么东西不可以干，什么东西该干，什么东西不该干，该干好什么，该干到什么程度，老师都要跟同学们讲清楚。所以，在第一节课上，除了介绍本学期知识要点以外，我还对学生学习方法的要点进行剖析和讲解。任何一个老师从走进教室的第一课开始，就已经在孩子的心中建立起了一定的规矩。我把新接一个班和上第一节课就当成是立规矩的课。从学生的课前准备到课中的态度和行为，以及课后相关的一些实践要求我都会说得比较清楚和具体。今年，我在135班上课时就讲到，同学们学习的第一个要点是认真，上课做到认真听、认真思考、认真回答问题、认真动手操作，还要结合科学学科的特点大胆想象，根据实际情况认真地进行推理和猜测。同时，我会介绍从我们三完小毕业出去的优秀学生，他们在上科学课时是如何做到"认真"二字的，他们现在的学习和工作情况又如何，以此激发同学们对学习科学的兴趣和对学习科学学法的关注。班里有一个叫王米可的小孩，在我上完第一节课后，他在晚上的日记中是这样写的："今天，我们迎来了新学期的第一节科学课……《科学》老师对我们提出了新的要求，在课堂上要求我们做到四个认真：认真听课、认真思考、认真动手和认真推理。老师还给我们耍了一个魔术，从这小小的魔术中我知道了，要做到认真，并不是一件非常难的事情。第一节科学课留给我非常深刻的印象，看来，这个学期的科学课应该非常的生动有趣。"当语文老师把这个孩子写的日记拍给我看时，越发让我知道了上好第一节课的重要性。

三、讲实践要点

小学阶段是养成良好学习习惯最重要的一个时期，也是学生思维能力从形象思维向抽象思维过度的重要阶段。我们知道，六年级学生的抽象思维能力，虽然要借助于直观形象来支撑，但在原来几个年级学习的基础上已经有了长足的发展。在学习科学的过程中，让学生在课堂上动手做实验，在课外的时候，要求学生结合实际开展一些研究性的学习活动，是科学课所要达成的目标和要求，更是培养小学生科学素养的重要手段。在今年第一节课上，我对同学们讲到了其中的第二个要求，就是要学生动手实践。我要求同学们在课前，就要按照老师的要求，找相关的一些材料并做一些准备，比如使用工具。也要求同学们根据相关的实际情况收集相关的一些数据，比如学习生物多样性。还有，就是提醒同学们找家长了解相关的一些生活经验。科学本来就是与我们的生活实践、生产实践紧密地联系在一起的，也可以解决一些实际生活的问题，所以我们要同学们自己根据已有的经验进行相关的推测，作出假设性的解释。这些都是为培养学生科学严谨的态度，以及联系实际，探究实际问题，促使思维深度参与的有效办法。

2019 年 9 月

巧设"四个措施",优化科学教学

《斜面的作用》是教育科学出版社第一单元第七课的内容。这一课中,学生将通过观察生活现象认识一种新的简单机械——斜面。受 STEAM 理论的影响,以及了解到部分教师反映《科学》教学上课难、组织教学难的情况,我下决心努力尝试怎样上好这一节课。这个学期的第四周,安排公开课时,我正好找到了一个切入点。通过深钻教材、设计教案、选择教法和实践运用等几个方面的探索,有了以下成功的体会:

一、搞清教学背景,主动定位目标

《斜面的作用》一课主要是认识斜面和搞清斜面省力的原理,以及斜面作用的运用。在深入学习教材后,我觉得从研究它的教学背景和目标出发来考虑比较合适。我希望通过实验、对比的方法测量直接提升重物与用斜面提升重物所用力量的大小,将实验更深入地对比研究同一重物在不同坡度斜面提升时的用力情况。虽然前几课学习了一系列简单机械原理及作用,但是第一次接触斜面,要搞清斜面的概念,并搞清"斜面是否能够省力"的科学问题,要通过学生分组实验,大家动手设计出简单的对比实验,并进行实验研究,只有这样,学生才可以获得对简单机械斜面的作用及省力原理的认识。我教《科学》

学科以来，上了两次，每次的感觉不一样。但是有一点确是相同的，就是要钻研教材，理解这一内容的背景，然后根据学生的实际定位教学目标。科学来源于生活，并用于解决生活中的实际问题，从大的方向来说，肯定是这样。因为斜面是学生生活和实际中不可或缺的一种简单机械，通过大量反复的生产实践证明它能省力，但是要内化为学生的一种知识和解决问题的技能，就需要我们的课堂教学来实践。

二、科学设计实验，探索斜面原理

课前，我设计了一个这样的实验报告单，把实验的名称、目的、器材步骤都罗列清楚。搞清了实验的目的就是两个，一个是斜面能省力，一个是斜面坡度的大小与省力情况的研究。在课堂上，我设计了两个实验，第一个是直接提升重物和在斜面上提升重物的力的比较，在重物相同的情况下研究两个不同方面提升重物所用的力。实验的结果非常清楚，在重物相同的情况下，在斜面上提升重物的力比直接提升重物所用的力要小得多。所以学生通过观察可以直接得出结论，"斜面能省力"。斜面能省力是对斜面作用研究的发现。我的科学课堂中没有因为得出这一结论而停下探索的脚步，而是在有了研究发现后又提出新问题，使研究更深入。那么，斜面省力大小与斜面坡度大小有什么关系吗？这就是我们第二个实验，研究不同斜面坡度的省力大小的情况。这个实验是改变斜面的坡度，不改变重物的大小进行比较分析的。学生在前面实验的基础上，利用斜面仪，不断改变斜面的坡度，在同组同学们的共同协作下，很快测出几组不同的数据。对比表格中的实验数据，学生们可以清楚地看到坡度越小，用力越小，坡度越大，用力越大，直接垂直向上提重物，相当于坡度为90°，用力最大。由此可以得出结论：斜面都能省力，坡度越小越省力,坡度越大越不省力。我们知道,学生动手实践和实验是学习科学最实在最有效的方法,这节课,我通过设计两个实验让学生主动探索得出实验的结论。

三、巧用信息技术,展示探究发现

将STEAM教育理论深入到科学课堂中,不但丰富了科学课堂的内容,更是拓展了科学知识、学习方法,也拓展了科学课堂教学的技术。在课堂上我用提前制定的课件和同屏技术,使课堂更加直观有效。在展示公路的引桥设计时,我用逐渐展示的方法,把科学家因为土地资源紧缺,又要设计省力的引桥的想法紧密地结合在一起,生动、直观地体现了斜面的使用要联系实际,更要科学合理的要求。在学生做两个实验后,我用同屏技术展示学生分组实验的数据,让学生的实际汇报更具有真实可靠性,也更调动学生学习科学的积极性。同时,我展示的测力计使用注意事项和实验计划也都起到了事半功倍的效果。

四、联系生活实际,巧解生活问题

科学来源于生活,又在生活中解决问题。本着这一宗旨,我设计了这样一个教学环节:让学生自己找一找我们生活中哪些地方应用了斜面的原理。他们找到了幼儿园滑滑梯、高架桥、医院台阶旁边的通道、高山的马路、切菜用的菜刀、螺丝钉等。我还进一步拓展,告诉学生比如文具盒里的剪刀、卷笔刀等刀具的刀口、生活中的斧头、菜刀、楼梯、盘旋的山路、高速公路立交桥的引道等都是运用了斜面的原理。本来到这里就可以收尾了,但是,为了让学生进一步了解得更多,我还特别介绍了盘山公路和螺丝钉的工作原理。上山的公路的坡度很大,而设计成"S"形的盘山公路就是延长路程而使坡度变小。螺丝钉的螺纹相当于盘山路,延长了路程,坡度变得很小,因此用螺丝刀转一转就能轻松地将螺丝钉推进木头里。所以，用螺丝刀比用钉锤更能轻松地将螺丝钉钉入或取出。

整节课，通过体现学生的主体作用，让学生在实验中探索、相互交流、完善计划、分析实验数据、得出结论，取得了非常好的教学效果。我想：我们要追求的不正是这样一种真实、原生态的课吗？

2021 年 3 月

研学议教篇

- 运用"六个结合"打造书香校园
- 常态常规　常行常新
- 推陈出新,上好常态课
- 充分发挥"引和督"的作用,提高小学生数学素养
  ……

运用"六个结合"打造书香校园

宜章县第三完全小学创建于 1988 年,现有教学班 42 个,教师 124 名。学校曾获评"湖南省三星级优秀少先队集体""郴州市红领巾示范性学校""郴州市校园文化建设样板学校""郴州市语言文字示范学校""郴州市示范性普通完全小学""郴州市课改样板校""郴州市科研示范学校""郴州市养成教育示范学校"等称号。

多年前,我校就开始重视亲子阅读,并以创建"学习型家庭"活动为契机开展活动。学校成立了专门的工作小组,校长亲自抓,教务处负责组织,以班级为单位实施,全校师生及各年级家长委员会代表共同参与。活动以"六个结合"深入推进,抓实、抓好,现已初见成效。

一、结合多渠道宣传,做好开头工作

我们积极召开家长会、学生会、教师会,让大家知道学校的目的是为学生的终身幸福成长奠基,小学阶段的重点任务,就是培养良好的学习习惯和生活习惯,其中阅读的习惯是学习习惯中的重要习惯。同时学校还利用红领巾广播站、班级 QQ 群、微信群、校讯通、校报、板报、教室阅读栏等形式,广泛宣传活动的重要意义,使广大家长和师生充分认识到"亲子阅读"活动是创建"学习型家庭"的奠基工程，是造福家庭和社会的民心工程，是促进孩子健康快乐成长的希望工程。在2013年一次家长会上，李玲玲副校长做了"家校合作，阅读无'穷'"的专题讲座，明确地提出了家长、学校、老师、学生四方面的责任和要求。

二、结合"家长学校"工作，搭建交流平台

一直以来，我校的"家长学校"工作开展得有声有色，连续几年被评为省、市级优秀示范性家长学校。学校围绕强化家校沟通，开展多种形式的授课活动，使家校合作教育思想逐渐得到广大家长及老师们的认可。为孩子一生幸福成长奠基是我校坚持的办学理念，我们把培养孩子良好的品行与学习习惯作为重要的目标，把开展亲子阅读，创建"学习型家庭"活动作为载体，每年定期让家长走进学校课堂参与培训、交流。通过家长学校这个平台，不但培养了良好的亲子关系，还培养了孩子良好的学习习惯，真正引导孩子爱读书、会学习。家长学校在这些方面引导到位、培训到位，推进了亲子共读活动的深入开展。

三、结合校园文化建设，营造浓厚氛围

校园文化是以校园精神文明为主要特征的一种群体文化，具有互动性、渗透性、传承性。首先，我们抓好"学习型家庭"活动与校园文化建设的有机结合，在主教学楼的走廊和教室门外的墙面张贴名言警句和名人读书故事，在对面的综合楼走廊和教室门口的墙面上张贴学生在书法、绘画、手抄报等方面的作品。各班也开设专栏，将学生摘抄的好词好句、好的读后感进行张贴，每月一期，定期更换。其次，我们编制体现学校特色、弘扬传统文化的校歌、校报，课间时间在校园广播站播放配有古典背景音乐的名篇佳句，营造浓郁的儒家思想、文化氛围。与各班成立了家长QQ群和微信群，方便老师和家长的沟通联系，让学校开展阅读活动，沟通及时、情况掌握也及时。学校还制定了《三完小QQ、微信群建设评比制度》，以制度促进工作的常态化。凡是积极、及时在群内交流，阅读心得质量高的群被评为优秀群，从而不断提高家长的积极性。每个年级组每学期统一向家长推荐阅读书目。在群内，家长会把自己和孩子一起阅读经典的照片、书目、进度、困惑、心得等在群内进行交流。经典阅读活动的开展逐步深入人心，大家也由开始的被动完成变成了自觉、主动完成。这样在营造浓厚国学氛围、高雅环境氛围的同时，也使师生工作、学习环境和谐轻松，为师生减压、减负，进一步丰富了学校的文化内涵。

四、结合教科研工作，落实阵地建设

学校的主要工作就是教书育人，我们把课堂教学、教研教改、课题研究与书香校园创建工作相结合，重点突破。如在语文教学中，"课内打基础，课外求发展"，不断培养孩子自主学习、主动阅读的习惯，培养孩子认识问题、分析问题的能力。每天三十分钟晨读课，各班至少开展十分钟的诵读活动，检查学生在家"每晚15分钟亲子阅读"的效果。每周一节阅读品析课，"一路阅读一路歌"，由语文老师组织学生品析；学校每学期按年级重点推荐五本阅读书目，老师重点解读一本。内容与方法并举，奖励与表扬相结合。这项工作的实施者主要是语文教师，孩子们平时每读完一本书可以"抽奖"。奖品由同年级语文教师精心设计，如说出书中的五个成语、收集书中五个句子、讲述书中某个人物、解答一个问题、叙述书中第几部分的内容等，表面看来是奖励，其实就是检查学生的阅读效果。我校《在信息技术环境下诵读国学经典的研究》是"十二五"规划的省级立项课题，已于2015年顺利结题，并获得四项成果奖，《宜章手机报》在2016年

3月2日刊登了这一短讯。我校经典诵读活动开展经常，资料收集也形成了常态化，学校将每年收集好的资料进行提炼加工，编为校本教材。近几年在郴州市举行的校本教材评比活动中，我校《国学与乡情》系列教材被评为一等奖。

五、结合学校主题活动，取得良好效果

每项工作的开展都需要有一定的载体。这几年来，学校一直把经典诵读与学校的活动紧密结合。如学校利用每天的晨读、语文课课前说话时间、大课间时间等诵读赛读国学经典；每期组织学生国学经典名篇诵读比赛或情境表演赛。在学生背诵经典的基础上，组织学生选择自己喜欢的内容，扩充意境，补充感受，续编情节，把流传千古的诗词佳话、美文华章，或歌或舞或吟，进行诗情画意、美轮美奂的再现和演绎。如2015年，我们开展了"与经典同行，与圣贤为友"庆"六一"读书活动；2014年我们开展了年级经典背诵擂台赛；2013年我们开展了讲《论语》故事比赛等。为促进创建活动的深入持久开展，我们鼓励各班级结合实际积极开展自创性活动，力争形式多样，内容丰富多彩。如读书心得交流会、家庭捐书活动、好书互换分享活动、经典诵读、读书知识竞赛、成语积累、警句格言积累、读书笔记展评等。要求家长和孩子共办剪报、手抄报，共写书评、读书心得，开展家庭朗读等。同时学校还举行了主题征文、演讲比赛，通过征文活动让孩子把亲子共读的感受流于笔端，把书香化为墨香，让孩子通过演讲把读书的快乐和收获集中展现。

六、结合创先争优活动，建立表彰机制

学校在创建"书香校园"时，不但明确创建条件，还明确了组织手段、评选办法和日常管理，建立健全一套有布置、有措施、有组织、有检查、有评比的创先争优机制。每期开展"三好学生""读书之星""优秀班级群""学习型家庭""学习型教师""学习型年级组"等的评选活动。三好学生评选，必须先是获得了"读书之星"的学生，而"优秀班级群"则侧重于家长交流的密度和质量，以及上交心得体会的篇数，"学习型家庭"的创建侧重于孩子阅读习惯、知识面以及家长的配合程度，"学习型教师"和"学习型年级组"的评比活动侧重于教师的读和实践。

通过几年的努力，我们发现：在低年级的亲子阅读活动中，把中、高年级的阅读书目推荐给家长，采取父母讲孩子听的形式，倡导睡前亲子共读，以及学校利用校园广播讲故事的形式，让孩子将听到的故事讲给家长听，很好地锻炼了孩子的听、说能力，受到了家长的一致欢迎和好评。在高年级开展亲子阅读，家长不但愿意与孩子一起阅读，更重要的是也关心全校的孩子，让更多的人来关心孩子的成长。如上届六年级87班学生吴杨纯，他有个外号叫"小博士"，他带着校长老师参观了他家的书房，其中满满的两书柜书他都读过，难怪老师总说他无所不知。我们把他的情况在家长中宣传，引来了95班黄蕾毓的爷爷黄世资老人的兴趣。他是个退休老同志。他充分发挥余热，主动到我们学校找到我，提出无偿赠送经典书籍的想法。连续五年来，他不但捐献了《弟子规》等国学经典书籍，还送一些先贤文化和道德文化的磁带和光盘，累计下来给我们学校供师生传阅的不下六千册。六年级94班邓姝静的妈妈在邮局工作，从2014年开始，每年就向我们学校捐书，共捐了2000多册。76127部队（驻杨梅山镇）听说我们开展这项活动，也在2015年"六一"儿童节前夕给我校师生捐送了1200册图书。多年的实践证明，任何工作的开展，只要我们用心认真去做，一定能取得好成果。

近几年来，在县、市教育系统关工委的领导下，我校坚持以学生为主体，全面落实省教育厅关工委提出的"三抓好""两促进"工作规划，全体师生、家长共同努力，积极推进家庭教育这项关于青少年儿童健康成长的教育工程，亲子阅读活动开展得有声有色，整个校园弥漫着书香味，得到了各级领导及社会各界的广泛认可。在开展亲子阅读，创建"学习型家庭"活动中，我们实现了全体动员，充分发挥了广大教师、家长、学生的集体智慧。在学校，形成了以班级为基础、以学生为主体、以教师来带动的"师生共读"新局面，出现全校上下都读书、师生人人爱读书、校园处处飘书香的新气象；在家中，形成了孩子自愿读书、家长积极购书、亲子定时读书、全家人人爱读书的亲子共读浓厚氛围。家长学校其他工作也随之更上新台阶，得到了省市教育主管部门的肯定。2014年被授予全省"优秀示范性家长学校"，2015年学校被评为"郴州市开展亲子阅读、创建学习型家庭活动先进单位"，曹恒瑞家被评为郴州市学习型家庭，我本人及家庭被评为"郴州市党员学习之星""宜章县学习型家庭"。2013年以来，学校每年被评为全国"五好小公民"读书活动的先进单位。

2016年3月

常态常规　常行常新

——记2017年下期第三周听常态课感悟

坚持内涵发展，加快教育由量的增长向质的提升转变，把质量作为教育的生命线，坚持回归常识、回归本分、回归初心、回归梦想。深化基础教育人才培养模式改革，掀起"课堂革命"，努力培养学生的创新精神和实践能力。

——原教育部长、党组书记　陈宝生

前言

课堂不变教育就不变，教育不变学生就不变，在陈部长吹响了课堂革命的号角时，让有效课堂成为教学质量的保证，让教学质量成为常态课的目标，在常态课中落实课堂常规，让推门听课成为全校老师常行常新的新常态。

一、基本情况

这一周里，我们学校的所有领导、老师带着新常态走进了课堂，与不同学科不同年级的老师一起观课议课。我听了高年级的课，也听了低年级的课，听了新进教师的课，也听了原有教师的课，听了原跟班教师的课，也听了新接班教师的课，听了语文、数学、英语、科学、美术五个学科共12节课，感觉自己那么的充实、幸福。为教师的有思想、有智慧而高兴，为孩子有自信、积极参与而幸福。曾凡娥、汤重琼、邝孝雄、欧娜庆几位老师的课准备充分，抓住重点，体现学生是课堂的主人。黄萍老师的课娓娓道来，反复落实课堂常规，培养孩子们养成良好的学习习惯。还有张志文、李新、郑亚琼、李彦玲老师的课用小组合作的方式进行学习。正所谓各有千秋，花香满园。课后我与执教教师一一交流，各学科组各年级组都开展了很好的议课活动，把常态课作为提高学校教育教学质量的主阵地。

校领导、老师观课议课

二、发现的问题与努力方向

（一）发现的问题

组织教学混乱，不利于正常教学；课堂常规没有反复落实，学生无序；备课功夫没有到位，课堂随意；老师生怕学生不懂，反复讲解；小组合作安排不好，凌乱不堪；教师素养不高，教学效果不好。

(二) 努力的方向

1. 努力的方向之一。

管好课堂纪律，搞好组织教学，落实"激和管"。课堂纪律是常态课堂质量的首要保证，教师要采用各种激励方式不断激发学生的学习热情，营造良好的学习氛围。当不和谐氛围、行为出现时，老师要敢管敢抓。

2. 努力的方向之二。

落实课堂常规，反复训练提高。首先搞清课堂常规有哪些，包括课前学生对书、文具、记录本（草稿本）的准备，课前的歌声、专注的形态、问候老师要整齐划一，课上学生站、坐、读书、写字、举手都有明确的要求，课堂上不随便说话，发言先举手、专心听讲、积极思考、答问完整、认真作业等。常规就是反复落实的规矩，久而久之内化为一种习惯。定下了常规要求就要每节课不断强调，反复训练，无法达到的常规要求，教师就干脆不要提，提了就要执行到位。

3. 努力方向之三。

认真备课，做足课前功课。"工欲善其事，必先利其器"，备课是上好课的前提。教师备课如同影视导演编写脚本，事前功夫的优劣，直接决定着具体操作中的成败。教师一备学生的心智水平，二备教具的使用策略，三备教材的利用价值，四备教学目标的设计，五备教学情境的创设，六备教学过程的构建，七备学习方式的选择，八备课堂问题的生成，九备教学活动的开展，十备课程资源的开发，十一备教学语言的优化，十二备学科作业的设计。

4. 努力方向之四。

体现教师主导，课堂讲解精准。老师的讲解在小学课堂至关重要，一次性能把问题讲清楚的，就要把每个问题的每一步讲清楚，对每节课涉猎的知识点做到点点清，对重难点知识应在一节课学生黄金学习时点讲清楚，三分靠讲七分靠练，精选练习，做到精讲巧练。

5. 努力方向之五。

发挥学生主体作用，关注每个学生。教育专家杜威说过："教育并不是一件告诉和被告知的事情，而是一个主动和建设性的过程。"因此，必须让孩子在实践和参与中获得真知。课堂教学中，我们要关注每个学生，把课堂还给学生，让学生自主学习。首先，要紧密结合教学内容，有机渗透思想教育，使他们产生强烈的学习原动力。其次，设置激趣激思、动手动口的问题，推动他们自己看书、查资料、讨论、做实验、观察、思考、主动地解决问题。再次，就是要开展好小组合作学习。合作的方法得当、给足讨论时间、小组成员明确分工、角色的定位准确。最后，还要关注后进生。根据木桶理论，长短不一的木桶要提高短板的高度才可以增加盛水量。同样，提高教学质量的关键也是要提高后进生的成绩。课堂中对他们格外关照特别关心，提问时降低难度、有任务要提前辅导、经常开"小灶"，用爱心耐心细心呵护他们的童心。切忌逢有领导听课视导，老师们只展示好的一面，忽略后进生，使得课堂没能很好体现关注全体学生。

6. 努力方向之六。

推广本校课改经验，让更多的人受益。我校多年实践都是用课题引领学校的教研工作，提高学校教学质量，每个学科的课堂都要坚持走特色发展之路。一直以来，语文、英语课前说话训练，数学课前口算训练都是提高学生阅读能力、口头表达能力、思维能力的重要措施，每节课要予以落实。我校近几年实施的师生共同阅读的读书活动，也是提高孩子们核心素养的重要举措。我们把121班的"向霞模式"发展成为"三完小模式"，让更多的老师和孩子们受益。

7. 努力方向之七。

落实立德树人目标，让教师成为人人喜欢的教师。"亲其师，信其道。"老师是孩子的引路人，作为一名新教师或者新接班的老师要让孩子们喜欢，首先，要树立好第一形象，所谓"一见你就爱上你"；其次，要尽快了解和熟悉学生的基本情况，最好在一周之内能说出他们的姓名，能点名表扬、点名提醒和点名批评，对他的一举一动给予充分的评价；第三，处理突发问题要选择适当的时机，让每个孩子的自尊心得到有效保护。另外，每位教师都要让配班的老师喜欢你，只有与搭档教师一起无缝交流、无私奉献、认真工作、共同管理班级，才能构建优秀的班级集体，提升教育教学质量。我们学校有黄金搭档，像吴东红和范林利两位老师，就是大家学习的楷模，他们配合默契，工作不分分内分外。我们还要做一个让家长喜欢的老师。每接一个班，我们都要尽早和家长沟通，了解他们的基本家庭情况，并把自己对培养学生的目标一点一滴与家长交流，得到家长的信赖，让家长支持我们的工作。

结束语

俗话说，"千忙万忙，不抓落实就是瞎忙；千招万招，不能落实就是虚招；千条万条，不去落实就是白条"。为了适应新常态，上好常态课，落实课堂常规，达到质量强校的目的，全校上下携起手来，干在实处、干出实效，且行且歌，让我们的每节常态课都成为优质课，掀起新一轮课堂教学革命的新高潮。

2017年10月

推陈出新，上好常态课

佐藤学是日本学习院大学文学部的教授，教育学博士，他曾多次来中国访问。他写的书《静悄悄的革命》是全球畅销书，书中阐述了他的观点——"课堂改变，学校就会改变"。文中有一段这样的话让我印象深刻，"改变学校的第一步，就是在校内建立所有教师一年一次在同事面前上公开课的体制，无论是怎样的改革，学校只要有一个教师不上公开课，取得成功都是困难的。只有教师之间彼此敞开教室的大门，每个教师都作为教育专家，共同构建一种互相促进学习的合作性同事关系，学校的改变才有可能"。我的理解是学校教师每人每年都要上公开课，学校要把推门听课当成一种常态。

这个学期刚开学，我们就决定落实人人上课、人人听课，全面推进推门听课活动。我们利用两周时间落实了这项活动，发现所有教师都能非常认真地上课、听课。虽然这两个星期时间紧，任务重，但因为教师都想在大家面前表现好，个个不甘落后，所以完成任务很好，也真正达到了预期的目的。

这次活动成功得益于有一批优秀上进的老师。有的教师个人功底非常好，如黄萍等一批语文老师，在上课时，名言警句铭记于心，引经据典顺手拈来，简直是神来之笔，让听课老师觉得是一种享受。还有像曹小利等一批一丝不苟的老师，他们上课前一天晚上就会做好课件，找齐所有上课所需资料，可谓精心准备。还有的像徐向霞等一批老师，自己先阅读，然后介绍书目给孩子们阅读，引导孩子们爱上读书，让孩子们六年里成为"李百度""梁百度"……他们用个人魅力影响着孩子们，让家长们折服。

其次，得益于运用新的教法和学法。课堂中关注学生，以学生为主体，先学后教，以学定教，开展合作式学习是课堂教学的主打方向。钟君清老师到外面学了字理教学的有关教法，她学以致用，让学生的识字方法更加多样化，识字量大大增加；范儒梅老师数学课上体现出来的小组合作，绝非这一节课所为，从学生合作小组的命名到三人合作小组的讨论，一招一式都那样娴熟有道，课后小组的评价加分，更体现合作小组工作在他们的课堂中扎实有效的推进历程。

第三，还得益于形式多样的课前说话。早几年，我们开展的语文课前说话活动风靡全校，新来的语文教师也是运用自如。提前安排，让学生前一天晚上做好功课，每天定人定主题安排课前说话。数学老师也不甘落后，口算、讲数学家故事、收集与数学有关的资料用于展示，同样开启数学课前说话活动。特别是学生边说、教师边用手机拍摄，并及时把视频上传乐教乐学平台的班级群里。孩子们喜欢、老师们方便、家长们更关注。这种活动不但给每个孩子展示的机会，培养了学生的口头表达能力和搜集资料整理资料的能力，也培养了孩子自信、积极的非智力因素。同时，还让所有的家长都动起来了，他们玩手机时，就能关注孩子的学习，关注班级的活动，关注学校的工作。他们积极点赞，积极为孩子提供服务，为班级工作提供支持，真正形成了家校共同体。

通过这一次推门听课活动，老师之间互相学习、优势互补，改变了教师们各自在自己封闭的教室独自开展活动，把自己课堂当成私有空间的情况；也改变了教师上课不评课，却在背后任意指责的局面；还改变了有些教师不愿意听到别人批评，但是反过来毫无顾忌地指出其他人存在问题的局面；更是改变了任意扭曲的教室文化，让所有老师超越自己，构筑起共同为实践者——同事们团结合作的关系。教师们在听课中发现同年级同学科其他教师的优点和长处，用于弥补自己的不足和短处，同时还实现了资源共享，实现了同年级同学科教学均衡发展的目的。

我们也发现了一些问题，比如数学教师使用教具不科学、欠合理。后来经了解情况才知道，学校器材室的设备配置不科学，同年级的老师同上一节课就会出现教具数量不够的情况，而且很多教具质量不好，使用几次就坏了，还有的教具很落后，不实用。在总结会上，我们提到了这个问题，要求教研和后勤部门通力协作，在一个星期内，根据实际需求配置好相关教具。还从三年级作文起步课中，发现本年级的作文教学起步难，教师希望有外出学习的机会。这充分说明教师渴望学习，渴望做好教育教学工作。

下一阶段，教研部门首先要安排教师认真做好课后反思，并收集好资料。第二，每个学科每个年级安排好示范课，开展案例式教研活动，从教师、学生、教材、过程四个方面再反思，再提高，再总结。第三，加强学习，学习学科知识、心理学教育学知识以及相关综合性知识，做到长新长学，使自己的工作驾轻就熟、游刃有余。第四，加强和家长的沟通。家长是我们做好工作的保障，一定要充分沟通，积极调动，特别为了开展阅读教学，买书时要沟通到位。第五，提高课前说话活动的质量。当前，语文、数学的课前说话还存在形式单一、内容简单的问题,因此必须要从广度和深度上下足功夫。第六要关注学生的发展。课堂上要让学生多讲话、多思考、多做题,千万不能包办代替。教研室要抓紧时间出台相关措施,促使常态课堂高效,不断推陈出新,把工作做扎实,实现管理精细化,向四十分钟要质量。

2018 年 10 月

充分发挥"引和督"的作用，提高小学生数学素养

数学能伴随人们"走多远"？这并不取决于学习者拥有多少具体的数学知识（网络时代，许多知识上网搜索一下就能知道），而取决于学习者是否练就一种数学的头脑与眼光，养成数学的思维习惯和思维方式。良好的数学教育给予学习者的是一种数学素养的浸润，是一种润物细无声的数学文化的滋养。作为一名曾经多年教授数学的教师，如何在观课议课时，引导并督促数学教师通过组织游戏、创设情境、巧用媒体的方式培养孩子的数学素养，是我的重要职责。在多年的实践中，议课时，我一直侧重于"引"和"督"，并发现课堂效果发生了显著的变化。具体做法是：

一、组织游戏，主动求知

著名教育家陈鹤琴老先生曾指出："游戏是人生不可缺少的活动，不管年龄性别，人们总是喜欢游戏的，假如在读书的时代，我们也能化读书的活动为游戏，那么读书不就会变得更有趣，更快乐，更进步了吗？"如在观《立体图形》一课时，我引导和督促执教教师根据小学生喜新、好奇、自觉性和稳定性差的特点，把课堂中一些枯燥的数字组织成课堂游戏，以小组合作的

形式让孩子们全员参与。首先，在第一环节设计了猜一猜、摸物体等游戏。因为学生在本节课的学习中对长方体、正方体的认识是一个难点。设计猜一猜的游戏，让一部分学生闭上眼睛，另一部分学生把眼睛睁开，然后同时翻动长方体和正方体，让学生说出有什么变化？通过这个游戏，学生明确了，正方体不论怎么翻动，我们看到的结果都是一样的，我们可以利用正方体的这个特点，来区分长方体和正方体。通过游戏活动，学生较容易地学到了这个知识。同时，我还引导和督促教师用触类旁通的方法把枯燥的数字巧妙地设计，编成朗朗上口儿歌，同样，也可以让学生排队做游戏，在欢乐的笑声中让学生学到知识。教师是学习活动的组织者，要让课堂生动起来，把说教当作趣味活动课，引导所有的学生参与到课堂中来，让学生掌握学习的主动权，从而培养孩子主动求知的数学素养。

二、创设情境，学会提问

孔子云："疑是思之始，学之端。"我在观课议课时发现，有些教师喜欢问"同学们，还有什么问题没有弄懂吗"，学生大都会很自然地配合说："老师，没问题了。"而实际情况并不是这样。为了解决这一问题，我引导和督促教师在教学实践中注意培养学生的"质疑"精神。因为学生是学习的主体，教师要时刻观察整个课堂中的学生状态，把握学生真实的学习状况，引导他们去质疑、解疑，鼓舞他们学习的热情，解除他们怕丢丑的心理，提高他们发现问题分析问题，解决问题的能力，逐渐学会独立思考。如在教学《万以内的加法和减法应用题》时，我引导和督促教师创设这样一个问题情境：星期天，你和妈妈去逛商城，你看中了一套衣服和一双鞋子。那时你会思考哪些问题？学生根据自己的生活经验纷纷发言：衣服的价格是多少，一双鞋子的价格是多少，妈妈至少该付多少钱？这时，教师又及时提问，"你准备怎样解决以上问题？"学生通过讨论得出两个方法：看标价说明和问售货员。通过调查得知，上衣定价298元，裤子定价189元，鞋子定价279元。接着，教师引导学生提问："你能根据以上数学信息，设计哪些数学问题？"学生马上提出：一套衣服和一双鞋子共需多少钱？妈妈身上一共带了800元钱，能购买这些东西吗？等数学问题。教师又可以组织学生通过独立思考、合作交流等形式解决以上问题。这样，教师创设学生熟知的生活中的购物情境，给学生提供一个广阔的思维空间，让他们自主地、全方位地、多角度地思考问题。教师在实践中，要真诚对待不善于提问或者提出的问题没有思考价值的学生，要做到微笑迎接、真诚鼓励、认真倾听，让会提问会思考的学生来释疑解惑。教师还要给予肯定和表扬那些提问题独到、有新意的学生，让他们越来越爱提问题，会提问题，使学生产生成功感和满足感，从而提高他们解决问题和学会学习的数学素养。

三、巧用媒体，形象思维

建构主义理论认为，学生并非简单、被动地接受外来信息，还要对其进行主动选择、加工和处理，从而获得属于自己的知识。在小学数学教学中，要把信息技术与学科教学深度融合更好地通过图形、文字、影像、声音、动画等来刺激学生的感官，让学生以轻松愉快的心情参与到课堂教学中来。多媒体环境下，特别是教授小学数学空间与图形时，引导和督促教师利用多媒体所提供的条件，处理传统教学方法难以处理的问题，让教师在课堂讲授过程中解决教学难点、突破教学重点、提高课堂效率、改善教学效果是一种很好的方法。如我教授《角的分类》一课的观课议课时，就引导和督促教师讲解平角和周角时改变枯燥的口头表达和说教，而是让教师在多媒体环境下应用教学软件进行直观形象的操作。首先，用鼠标在屏幕上画两条重叠一起，但又是不同颜色的射线，而后围绕顶点慢慢顺时针或逆时针移动其中一条射线，最后通过射线移动的幅度来讲解角的分类，使学生能够直观地领悟到"角的分类"这一重要知识点。并通过荧幕上动态显示，将看似静止的事物化静为动，使学生能够获得正确、清晰的思维。这样既可以加深学生对课堂讲解的理解和领悟，还可以培养学生从直观思维过渡到抽象思维，进而达到培养学生良好的思维能力的目标。

"知之者不如好之者，好之者不如乐之者。"引导和督促教师通过组织游戏、创设情境和巧用媒体，可以培养学生的核心素养，也可以调动学生的积极性和主动性，特别是对他们形成良好的学风起到事半功倍的效果。

2018 年 1 月

从督导的视角看"互联网＋学校管理"

随着"互联网＋"时代的到来,一块黑板、一本教材、一支粉笔,延续上百年的教学"老三样",已逐渐被大数据、云计算、移动互联网所颠覆,教育正进入一场基于信息技术的大变革中。面对"互联网＋教育"的新要求、新挑战,作为一名城区的小学校长,我始终站在督导管理的视角,坚持立足本土、破立结合,从"想点子、谋路子、找法子、挑担子"几个方面因势利导推进"互联网＋学校管理"。

一、想点子,用先进理念引领师生

长期以来,教育都是较为传统和保守的行业之一。尽管教育信息化工程如火如荼,网络课程建设铺天盖地,但是,只要我们走进平常课堂,就会发现很多施教者的理念并没有实质性元素的转变。同样在"互联网＋教育"的浪潮席卷下,在我们学校的领导层中,对教育信息化也持不同的意见,有的认为我们要改变跟进,有的也很排斥。

为破解"穿新鞋走老路"的弊病,我们管理者围绕推进教育信息化建设主题,打出了一套"组合拳":进一步整合教研、电教、装备的资源,探索研训一体化的改革之路,切实为教师更新教育观念、充实教育理论提供理论支撑,提供必要的实践阵地和媒介；深入开展"互联网+教育"大背景下的"我们怎么办"、"我们怎么干"大讨论活动，不断强化认知认同，深化知行合一；加强补脑健脑，充分利用身边典型（先后邀请过郴州市电教馆馆长古映霞、宜章电教馆曾武老师、"全国最美教师"谭兰霞等来校讲学、座谈），不断强化典型示范、理念引领；建立"人人皆学、处处皆学、时时可学"的信息化学习型校园，强化学深、学透、学到位，坚持全员化、全程化、满覆盖，并充分利用QQ、微信、校园网站等平台进行有深度、有广度、有力度的宣传教育活动。由此，全校师生开始充分认识教育信息化面临的新形势新要求，"真学、真懂、真信、真用"蔚然成风。

二、谋路子，添设备设施夯实基础

"管、建、配、用"是在实施教育信息化的过程中反复强调的一个重点。一直以来，教育部门从上自下投入了大量的人力、物力和财力，但是一个标准、一个模式的"建""配"未必就适合每一所学校。为此，我带领班子成员在反复研讨、深入考察、广集意见的基础上，确立了"基于实际、分步建设、满足基础需求、凸显特色"的信息化运作模式，本着实用、够用的目标，坚持按实际需求来添置、更新信息化设备。

这几年来，我们通过争取上级部门拨付和学校自筹相结合的办法，共投入500余万添置设备设施。为创建"高效课堂"，学校先后配备了1个交互式电子白板的多媒体教室、1套录播系统，48间教室均安装了"班班通"设备；为推进"教与学"的变革，更新了学生电脑室、实验室、电子备课室、校园网络中心，全体教师人手1台笔记本电脑，存储器等；为营造"翰墨书香满校园"的氛围，建成了电子阅览室、数字化图书馆；为打造"艺术

2+1"，建成了集录播室、会议室、多媒体室、演播室于一身的多功能教室；为了促进教育与信息化的有效融合，精心搭建了微信公众号、网站、教育云平台、QQ群、个人空间、名师工作室等各种平台；为支持个性化与开放式的数字化学习与服务平台，学校网络达到了100兆光纤宽带接入，所有师生活动空间都实现了有线、无线网络全覆盖，师生可以利用网络和各种移动终端开展移动学习和交流。

三、找法子，重培训学习提升素质

传统的办学是"经验型的校长带领一群经验型的教师进行经验式的管理、经验式的教学"，而我们在倡导发展学生个性、挖掘学生潜力、让学生学会创造、让学生走向成功的同时，却点燃不起教师建功立业、成就自我的热情，那样，我们的教育是很难实现突破的。"学历代表过去，学习能力才能代表将来。"我始终提倡：教师要不断学习，才能与时俱进。并坚持将学习培训由"软要求"变"硬性规定"，纳入校本教研和教师绩效考核范畴。

根据教师五年要达到360学分的硬性目标，我们在积极配备、充实信息技术教育所需设备及配套软件的同时，制定实施了《宜章县第三完全小学信息技术教育培训计划》《宜章县第三完全小学信息技术教育"传帮带"工作实施方案》，有计划有步骤地轮训全体教师，逐步形成完善的培训体系。坚持"走出去，学进来"，积极派人参加"国培""省培""市培""县培"等各级培训，并充分利用每周例会对不同层次的教师开展培训学习，确保学习培训有针对性、全员化、有实效。坚持不断拓展教师的学习渠道，利用教师QQ群、微信、网站、教研活动等不同形式进行学习培训，不求"高大全"，但求"可学、可用、好使"。同时，为了让老师掌握信息技术的实用操作，我们外派48名教师到长沙等地培训，并让这些老师培训后回到教师中进行同伴互助互学，达到共同提高的目的。在校内，我们也根据教师工作的实际需求开展了微课制作、手机照相、图片处理、网络安全、视屏处理等的专题培训，这样的培训活动既让老师掌握了信息技术的手段，也拉近了师生与信息技术的距离，为进一步实现数字化校园做技术支撑。

四、挑担子，要强化管理增加效益

为改变信息化与教育教学"两张皮"的问题，消除信息技术难以深入课堂、深入学科的现象，我们依托信息技术营造信息化教学环境，推动教学理念、方式和内容改革，创新人才培养模式，促进因材施教、个性化培养，构建起以学校为主阵地，以师生为生力军，融理论研究、信息搜集、舆论宣传、教育引导、实践升华等为一体的"互联网+学校管理"长效体系。近年来，我们精心组织开展了"一师一优课，一课一名师"活动，调动全员参与，晒课500多节。2015年，我校成了湖南省教育信息化试点项目实施学校之一。我们大胆先行先试《翻转课堂在小学高年级数学课堂的创新应用》，并将这一模式与学校探索出来的"三四三"课堂模式相结合，充分利用各种平台将已准备好的微视屏及时发布，让学生先学，真正体现"以课堂为中心""以学生为中心"的目的，较好实现了教师教学方式由"讲知识、讲教材"向"讲错题、讲方法"的转变，学生学习方法也从"单一的课堂听讲"变成"课前预习、做习题，课上提出问题，课下拓展研究"。

邓小平同志讲："教育要面向现代化、面向世界、面向未来。"当今的世界已进入"互联网+"时代，加强学校的信息化建设，是当代教育赋予我们的神圣使命，是社会发展的必然趋势，是教育现代化的必然结果。如何构建现代化教育平台，全面提高师生的信息素养，全面提高学校管理的效益，全面提升学校的办学品位，这将是学校督导工作者未来几年的重要课题。

2018年9月

用大数据、互联网等方式打通教育扶贫"最后一公里"

——宜章县第三完全小学教育扶贫工作典型案例

针对宜章教育扶贫点多面广线长，任务重、表册多、会议多、效率不高等问题，为缓解原本教师紧缺、教育教学任务繁重的压力，宜章县第三完全小学开启"大数据+精准扶贫"新模式，采用大数据、互联网等新兴方式，努力打通教育扶贫"最后一公里"。

一、依托"互联网+"，建立帮扶数据平台

根据县委、县政府脱贫攻坚系列部署安排，县三完小瞄准重点，定向施策，精准制导，进一步整合教研、电教、装备的资源，建立健全教育精准扶贫建档立卡信息管理系统，通过导入全县建档立卡贫困户信息、县公安局户籍系统、县扶贫办贫困人口信息系统等，认真进行对比筛选，先后完成全校贫困学生、学困生、留守儿童、进城务工子女的家庭信息、所属学段、贫困原因、享受优惠政策等基本信息采集工作。在这个平台里，贫困户基本情况、帮扶工作情况、各项措施落实情况，智能统计分析各项指标，甚至是教师每天的帮扶工作轨迹都一览无余，做到了对象准、信息实、情况清。2018年上期，全校共有贫困学生57人，

安排结对帮扶教师共 122 人，开展励志晨会，每周一次。励志主题班会，每周一次、心灵辅导及谈话 1289 人次、专题讲座 48 次、作业辅导 3480 人次、家访 348 人次，发布内部交流信息 42 篇。

二、突出共建共享，构架城乡教育桥梁

为了促进更大范围的城乡优质教育共享，我校每周三上午开展"名师直播课堂"活动，向全县教师在线直播，与结对帮扶乡镇学校——梅田镇中心小学、黄沙镇中心小学、笆篱镇中心小学以"如何提高六年级教学质量"为主题开展"小学语文阅读教学""小学科学操作实验大赛"等网络研讨活动，实践了零距离、零空间、零消费的教育扶贫结对帮扶。

继而，我校教育扶贫工作的新模式映入了宜章教育人的视野，其具体做法在宜章县教育界引发了热烈的讨论，对宜章县的教育扶贫起了较大的推动作用。在推出《"互联网＋学校管理"的本土化建构》后，县三完小被评为"湖南省十百千万工程教育示范校"。借鉴先前的成功经验，县三完小反复研讨，触类旁通，提出"大数据+共享优质资源"的构想。

继而，我校教育扶贫工作的新模式映入了宜章教育人的视野，其具体做法在宜章县教育界引发了热烈的讨论，对宜章县的教育扶贫起了较大的促进作用。这种有效做法还在湖南省《教育信息化》杂志 2016 年 02 期封三作专题报道宣传。同时，我校通过县教育局电教馆网站先后推出"信息化融合到课堂教学中的举措""微视频制作与处理""微课经验推广暨微课制作"，手机搜索、制作、分享使用技术等。其中，"通关测评"帮助许多农村教师学会使用讯飞语音输入法提高输入效率、用"草料"二维码网站制作"二维码轻松扫一扫"，以及使用"小影""美篇""初页"分享成果。加强与农村学校对接，充分利用校园局域网开通

"翻转课堂"专栏发布微课，用"学乐云""乐教乐学"空间发布课前学习任务单，检查学生课前学习的情况，用"学校微信公众号"上传免费视频，并通过县教育局信息网这个平台向全县学校开放，实现优质教育资源共享。近年来，我校已有资源436个全部并入全县教育资源系统，其中微课245节，教学实录146堂，培训实录21堂，活动实录14堂。

三、架起"沟通桥梁"，点燃贫困学子梦想

为了不让每一个贫困学子掉队，我校深入开展"互联网+教育"大背景下的"教育扶贫怎么办""我们怎么干"大讨论活动，启动了"小手拉大手，小康齐步走，助力脱贫攻坚""手牵手 一起走"等活动，并在校园网、学校微信公众号开辟了"学有所成专项帮扶""点对点 一对一"专栏，构建集学习、研讨、交流、推介、帮扶于一身的教育扶贫新平台。教师、家长、群众通过平台积极献计献策、出钱出力，先后关心关注和资助80余名贫困生，帮助120余名学困生走出困境。我们知道，不少贫困学生受家庭的影响，或多或少地存在一些自卑，缺乏自信，对未来信心不足，这些心态影响学习，影响成长。学校结合德育工作，利用周会、主题班会、升降旗仪式、集会、讲座等活动载体，加强对贫困学生进行励志教育，并在校广播站开设"励志故事"专栏，每天讲述一个励志故事，让贫困学生树立正确的理想，珍惜当前的学习机会，在逆境中看到希望。同时，少先队大队部和各班中队发挥少先队的优势，积极开展各种帮扶活动，结对教师、同学要密切关注帮扶学生的思想情况及心理情况，及时开展"谈心谈话"活动，向贫困学生传授学习经验和人生经验，帮助解决他们生活中的困惑，用真诚触动学生的心灵，引导正视自己的生活，积蓄正能量，催动自己奋进。

建档立卡儿童曾成志的爸爸因从事高空作业摔下来,他因脚残疾不能从事重体力活,妈妈身体也一直不好。家庭突遭变故,致使性格开朗的曾成志一下子萎靡不振。不过通过班主任和心理咨询老师多次谈话谈心,又重新燃起他的理想。廖小花,父亲有癫痫病,母亲外嫁,缺少父爱和母爱,联系她的校领导李校长多次安排班主任和全班同学与她心灵互动,让她感受到学校老师和同学的关爱,原来性格孤僻的她也变得开朗活泼。低保家庭的欧阳宜,跟随奶奶生活,失去母亲后的父亲远走他乡打工,班主任安排他每周三利用微信视频和父亲聊天,让孩子免去思念亲人的痛苦而安心学习。还有谭文英老师,她发现有一个个子很小的男孩胆怯地坐在教室的一角,就走近他,与他聊天。在了解男孩的名字叫欧阳星宇,因父亲残疾,被母亲嫌弃,母亲弃他们而走,父亲外出打工,他兄妹俩靠跟着年迈的爷爷奶奶寄居在叔叔家后,谭老师对他非常关心和爱护。谭老师在她的帮扶记录里写到:"为了让他有信心,我首先在座位上对他进行优待。让他坐在离老师最近的地方,让他随时可以享受到老师的辅导。其次是从来不准班里同学排挤他,班中的任何活动我都让他参加,让他感受到集体的温暖。"我们通过多种渠道确保留守和贫困学子不孤单,充分利用 QQ、微信、校园网站等平台,向贫困户家长宣传国家扶贫政策及学校做法,开通视频对话,"爸爸妈妈我想对您说"等。开展"大家访"活动,老师们利用双休日、寒暑假开车、坐车,甚至租车下到各乡镇深入建档立卡贫困户家中进行家访。尤其是去年寒假,当时正值近年来少见的低温雨雪天气,孩子们已经提前放假回家。134班杨美菊老师在校长和书记的陪同下冒着严寒,踩着泥泞的小路走进建档立卡贫困家庭学生家中,送去《宜章县教育局致全县学生家长朋友的一封信》，积极宣传党的政策，了解了学生在家中的学习、生活情况，也让家长们掌握孩子的在校情况。全校每个班的老师都利用放假时间通过多种办法，让这些来自贫困家庭的孩子在学校都感受到了家庭般的温暖，学得安心，家长们也都放心。

四、坚持以网为媒，拓宽捐资助学渠道

学校除了每年从公用经费中拿2万余元资助贫困学生外，还收集、整理和上传特困学生的资料，不断记录更新孩子的学习与生活，利用信息平台传播孩子们内心的渴望。孩子们的故事不断被转载，打动了社会各界人士，爱心接力一波接一波。曾留恋同学被80岁高龄的邓进煌老人资助，2017年邓老还从广东东莞赶来签订助学协议，他愿意资助曾留恋大学毕业；陕西西安的爱心人士刘勋一次性资助我校5万元；福建爱心人士张连辉连续两年资助我校2万元；7351部队每年定期捐书捐学习用品给我校的贫困学生；校内老师及家长也纷纷响应，每年筹集的钱物高达10万余元。在社会各界捐资助学热潮影响下，我校家长义工应运而生。他们都活跃在校园里，活跃在孩子们中，为学校工作为孩子们积极健康阳光的学习生活默默付出。每到特殊节日，他们都会和学校政教处一起开展有意义的帮扶活动。他们平时利用周末去老红军家中送米送油，他们为困难家庭送钱送物，他们为困难家庭孩子过生日、煮饭洗衣。这些家长义工还从学校找到了一份贫困学子的花名册，他们各自分工开展帮扶活动，活跃在贫困学子身边，就像自己的亲人一样关心和照顾他们。李娟的妈妈经常去欧阳宜家帮忙，嘘寒问暖，买米买油。她的爸爸带着工具为他们家钉这锤那，做一些体力活，就像自己的亲人一样给予他们家无限关怀。

五、心系山区教育，开展送教支教活动

2012年，全校15名教师去新建的四完小开展支教活动。2013年以来，我们结对帮扶的学校由城区学校转移到农村学校，先后与笆篱、一六、赤石、梅田、黄沙、迎春、麻田等12个乡镇开展过送教送研活动，还外派领导教师每年10人以上去黄沙镇学校支教，帮助他们在教育教学管理和校园文化的打造方面做了大量而卓有成效的工作。特别是我校年级组长邝修辉老师，从栗源镇通过城区教师选调到我校任教4年，在了解农村教师十分紧缺的情况后，他毅然向组织提出回乡村任教的要求，并主动去宜章最偏僻的莽山瑶族乡任教。很多人都不理解他为什么要去这么偏僻的学校，他说："我来自农村，反哺农村理所当然，我在三完小4年学到了许多先进的教育教学理念和管理方式方法，我想把这些经验带到莽山学校。"在邝修辉老师的影响下，县城区学校今年有18位教师返乡任教，农村学校逐渐出现了学生"回流"热潮。如莽山民族学校、沙坪中学、黄沙石头寨小学、里田桅子小学等，"农村学校弱、村级小学空"的问题在逐步缓解。

2018年10月

信息技术，助城乡协作教研走得更远

——宜章县第三完全小学"1+N"网络联校案例

随着信息技术的迅猛发展，各行各业都走上了信息化的道路，"互联网+教研"也随之兴起。宜章县第三完全小学是一所只有8427平方米的学校，却五脏俱全，在各级各类领导的关怀与鼓励下，教育理念、师资配备、管理水平、设备配备等方面的资源优越，也取得了显著的成果。我们被评为郴州市语言文字文明学校、郴州市教育科学研究优秀基地学校、郴州市经典诵读优秀学校、郴州市实验室标准化学校、2016—2017年一师一优课优秀学校等。

从2005年开始，在党和政府、县局的引领下，我校开始了到边远与师资薄弱的学校进行学期制的援教工作，但由于近年来城区学校学生猛增，教师资源紧缺，我们无力派调更多的老师下乡镇援教。因此，我们就利用信息技术，实行协作教研，与黄沙镇学校、赤石镇学校、梅田镇学校结成对口联校，实践"互联网+教育"，实践"1+N"网络联校。

一、共建共享，共同发展

我们乘着信息技术高速发展的东风，于2014年申报了湖南省信息试点项目示范校。经过三年的摸爬滚打、探索创新，我校于

2017年6月顺利通过省级验收，并被评为优秀的"湖南省信息技术教育十百千万工程示范校"。与此同时，我们也培育了一批批信息技术过硬的优秀教师，带动了一批批年轻的雏鹰，确立了我们走在了宜章信息化教育的领头羊之位。我们也积极发挥更多的辐射作用，承担更多的示范、引领任务。

2017年11月，我们主动邀请县城一完小、二完小、进修附小、承启红军学校等县城学校的校长、信息技术与教学骨干到我们学校参观学校建设信息技术下教育教学的硕果，利用座谈、实际操作、案例分析、样本借阅等方式传授信息技术在教育教学中的有效使用，起到了信息技术示范校携手牵动有设备但使用不够合理的薄弱学校的作用。其中，指导二完小的信息化项目——《网络学习空间人人通的建设与应用》的教师培训、制度建设、项目建设等，让二完小的项目如其有效地进行。期间，我们接待了来自永兴县、资兴、安仁、广东省等地的同仁参观，学习与交流信息化在教育教学中的合理应用。

二、教育信息化，协作发展

自2005年开始，三完小就开始选派优秀教师到薄弱的学校援教，至今，已连续8批60余人次。同时，对口的学校也选派年轻教师到我校进行跟班学习。

1. 制度管理、推动教研

为了适应科技的飞速发展，实现优质资源共享，带动乡镇教育，实践教育的均衡发展，让乡镇的孩子们也乘上科技的快车，我们与梅田、黄沙、赤石学校是对口学校，制定了《宜章三完小与对口学校网络教研的方案》《宜章三完小对对口学校信息技术有效应用的指导》《对口学校教师信息技术能力应用的培训》《三完小与对口学校的使用信息技术的奖励机制》。

2. 技术培训、完善自我

信息技术不是一句空话，而是需要老师会灵活运用，并能结合自己的需要利用信息技术创造教学所需。2017年，我们的信息技术人员、教学教研骨干分三次亲临对口学校，进行信息技术的培训。我们带教师下对口学校上语文、数学课，利用案例分析、宣传传授信息技术的作用，从课堂的立足点、网络素材、课件制作等，让对口学校老师知道利用信息技术授课的优势。第一次，我们发现，参培的老师仅仅是对口学校的语数老师，人次也仅仅是200人次。于是我们利用周六进行了第二次培训，要求对口学校所有教师全部参加，第二次主要培训传授课件、微课的制作。第三次则培训QQ、微信、美篇、小影、乐教乐学、湖南基础教育发展网等平台的开发、利用。三次培训，让对口与周边学校的老师受益匪浅，课堂也能合理利用信息技术，特别是堂堂网的使用，甚至快退休的教师都能轻车驾熟地使用媒体进行教学。

教师的成长不是一朝一夕的事，而是必须在磨砺中进行。2015—2018年期间，针对对口学校教师老年化、年轻化的特点，我们分时段、分年级、分学科，用课堂、讲座、交流、现场答疑解惑等模式进行教师培训，至今，已达到100余次。创造了对口学校教学质量飞速发展的新高，赤石学子成绩一跃居乡镇学校榜首，黄沙、梅田学校的成绩也是蒸蒸日上。

3. 利用技术、协作教研

学校要质量，教师是关键，提高教师的业务能力，捷径就是成名的平台。2017年开始，"名师直播"成了我们老师力争上游的利剑。"名师直播"的开通，让我们老师都成了名师。通过县电教馆总机，我们每周向全县直播教师常规常态课堂，全县教师可以通过手机、平板、电脑收看课堂直播。截止到今日，我校向全县直播的"名师课堂"达64节。我校有15位老师的课堂受到全县教师的追捧。这种新型的教研活动在全县教师中产生了强烈的反响,观看的老师纷纷留言点赞。欧娜庆、汤重琼、郑亚琼、段春玲、薛功峰、彭丽华、李金环等20位老师被评为"宜章县2017年度名校名师网络直播课堂"优秀授课教师。实践了异地零距离、零空间、零费用现场观摩。

授人以鱼不如授人以渔。在每周的实际现场课堂的观摩中,我们发现对口学校的老师们目前最急需的是优质的教学资源。我校"'翻转课堂'在小学高级年数学教学中的创新应用"这个试点项目已顺利通过验收。我们还将翻转课堂延伸到了语文情境作文教学、英语情境对话、英语口语学习、音乐作品欣赏,美术作品欣赏、心理健康教育、爱国主义教育等学科课堂中,充分利用校内翻和向外翻的形式,促使课堂发生了变化。2017年县教育局举行的学科素养大赛中,我校学生的综合素质获一等奖,有15名同学取得了优异成绩。其中,欧春菊等12位教师获得优秀指导奖。为此,我们利用录播系统、利用网络组织对口学校的老师们从抓课堂内容、视频及同步任务学习单等方面进行网络培训,让黄沙、赤石及周边乡镇的老师唏嘘不已。训后,利用微信、QQ群进行个别指导,使得对口学校的老师能短时间内掌握教学所需的信息技术。

教研活动是一所学校提高教学质量的命脉。我们与对口学校,定期、分年级、分学科开展专题教研活动,并在网络同步直播。2017宜章三完小与赤石学校、黄沙学校举行了"信息技术与语文教学深度融合网络教研"活动。活动围绕五年级下册口语交际《心中的偶像》确定中心议题:如何落实"交际"这个核心?口语交际课如何落实生生、师生互动?如何引导学生进行个性评价?进行议课。活动真实的、目标性地引领着老师怎么结合实际有效地进行主题教研，各舒所长，集思广益，取长补短。为此，我们与对口学校每个月利用网络确定主题进行网络教研，远程教研次数以达到数10次。所研讨的科目从语文、数学过渡到英语、美术等其他科目。有效地、切合实际地实现了城乡优秀教师资源共享，兑现了均衡发展的教育诺言。其中，2018年9月，黄沙学校的李春兰老师的《学会感恩》参加县心理健康教育赛课获县一等奖，开创黄沙镇教师从未参加县赛的先例；2018年10月的科学说课比赛中，梅田镇学校邓朝慧的《蚯蚓的选择》，赤石学校谢春芝《金属热胀冷缩吗》均获得了县一等奖，激发了一大批乡镇年轻的教师奋发向上。2017年11月我校举行的科学实验操作大赛，让全县的教师刮目相看。

2018年9月7日，我们牵头，成立了"宜章名师工作室"，制定了"名师工作室"的《三年规划》《实施方案》。工作室的成员利用微信、QQ群每日分享自己理论学习心得、探讨教学新举措。2018年郴州市10月举行"信息技术与课堂深度融合大赛"，工作室的每人都会参加此次比赛，都将抓住机会展现最优秀的自己。在此基础上，我们将开拓网络平台、编撰宜章名师的书籍。借此，牵引、吸收更多优秀的老师成为名师。

4. 利用平台、资源共享

教育信息化与课堂教学的深度融合中，我校教师对微课不是完全实施"拿来主义"，而是根据工作实际自给自足，制作了高质量的微课532个优质微课。2017年中我校有78节微课在省市县的各种微课评比中获奖。我们还充实"基础教育资源网"：美化个人空间，促进资源利用，上传优质的教学设计、反思、课堂实录等，实现教与学、教与教、学与学的有效互动。为此，我们与对口学校的老师一对一的加好友进行资源的遴选与空间的充实。到目前为止，老师都会在基础教育资源网、乐教乐学等平台，下载自己所需要的资源并根据实际进行修改方便教学。

三、互相依托、共同进步

通过实地指导、远程观摩、同步教研等形式的互助互学，黄沙、赤石学校的教育教学日新月异，发生了翻天覆地的变化。2018年，黄沙、赤石学校老师借助我们的录播室录制的课，获市级"一师一优课"优课3节。2018年，参加县级语文、数学、音乐、心理健康等赛课一、二等奖获奖人次达6次。

如今的黄沙、赤石、梅田学校都已尝到了信息技术带来的甜头：教学质量提升得快，学生管理信手拈来，课堂教学乐趣横生。为此，这些学校都掀起了教学改革的热潮，争前恐后地进行着信息技术的创新使用。我们与对口学校的微信群、QQ群每天都能看到老师们使用信息技术的问点、喜点。目前，我们指点黄沙镇、赤石镇学校的校级课题项目正在实施中，梅田镇学校的《网络联校教学组织形式在教学过程中的创新应用》已进入了中期评估阶段，他们都乘上了信息技术这个快艇，畅游教育的春风。

如今的我们乘着信息技术的春风，乘势而上。"翻转课堂"由数学课运用到了语文、英语、音乐、科学等课堂，乐教乐学平台已在全校全面铺开；信息技术应用下的省、市课题从数学延伸到语文等其他各学科；学生拍摄的DV数次获得省、市级以上的奖项达20多次；"一师一优课"获省部级、市级奖项比比皆是；网络集体备课大赛已进入第三阶段；信息技术与课堂深度融合大赛正紧锣密鼓地进行。我们在信息技术下办学，在磨砺中成长，在帮扶中获益，在获益中引领。我们践行，我们坚信，只要坚持教育的真谛、坚持创新、坚持协作，与对口的兄弟学校必将创造教育的辉煌。

2019年11月

传承中谋发展，创新中显特色

我今天跟大家分享的主题是：传承中谋发展，创新中显特色。一所有文化的学校，才是走得远的学校。这文化，正是老字号办学人的代代传承。众所周知，仅仅是守着上一辈的好东西是不够的。社会在发展，历史在演绎，应与时俱进，这就要求我们创造性工作，办出自己的个性和特色。基于这个想法，作如下阐述：

一、强机制，重引导，增强科研兴校意识

学校一直以科研兴校为打造品牌学校的强大引擎。在市县教研室直接领导下，学校有计划有目标地整体推进教育科研基地学校工作。首先成立以校长为组长，分管科研工作的副校长为副组长，教研室、年级组和学科备课组组长为成员的教育科研基地学校工作领导小组，积极构建人人都学、人人皆教、人人能研、全员参与的教研训为一体的工作体系。还厘清制度实现纵横结合，突出日常教育教学与基地示范校创建的有机融合，进一步完善各项教研管理制度，确保科研基地工作的目标、步骤、职责、考核落点到位。

与此同时还积极搭建各类平台，组织开展全校性"科学头脑风暴""科技创新""我是小小发明家"活动和各类专题讲座24

场次。通过这一系列的活动,教师树立了新的科学教学意识,在本学科课堂教学中结合工程、技术、艺术和数学培养学生的科学素养,以及在以本学科为中心的跨学科教学中,培养学生的独立分析问题和解决问题的科学素养。

二、重研学,寻举措,提升教师科学素养

第一,坚持以学促教,做实武装头脑大文章。五年来,我们先后派出448人次参加全国自主教育联盟研讨、省DI大赛赛题解读培训、省科学DV制作培训等,全方位、大面积提高教师的科研理论素养。引进湖南省教科院小学科学"关注任务探究,聚焦思维发展"送教送研活动落户到我校,并承办湘南学院送教到县活动。先后邀请省教科院小学科学教研员张敏、长沙市教科院小学科学教研员戴立军、长沙市"洪霞科学工作室"首席名师洪霞等专家来我校讲座。坚持以阅读促教师发展,教务处、党支部和工会联合组织开展教职工读书活动,并将教职工读书交流纳入学校研修的必修课,作为硬性规定,实行量化管理。

第二,坚持以研助教,坚持聚焦课堂主阵地。五年来,利用每周四的综合组活动时间开展名师引路、师徒结对、个案分析的方式开展听课评议、比武课、个案设计、教具制作及实验创新等活动,加强课堂教学改革的研讨活动,提高课堂教学实效性。通过校本活动,更加关注课堂,关注学生科学思维训练和科学方法的获取。

第三,坚持课程研发,做强因地制宜大平台。我校结合自身实际,在充分发挥教师特长、培养学生个性的基础上,结合科学学科特色编辑出版了校本教材《我们爱科学》《快乐小主播》《国学与乡情》《安全教育系列》《科技活动》。其中,《我们爱科学》在省、市优秀校本教材评比中获得省级三等奖和市级一等奖。同时，我们还开设了科技活动、信息技术等11个校本课程活动课。通过各种渠道的有效培训，我校的专职和兼职科学老师在教学理念、科研能力等方面都有了质的飞越。

三、抓课堂，重实践，培育学生科学素养

一要"换脑子"。就是课堂教学中努力实现"四个转变"：一是理念的转变，将"培育小学生科学素养"作为科学课堂教学的根本理念，更加关注学生的发展；二是态度的转变，变单一的知识传授者为课堂教学的研究者、开发者、实施者，积极对教材、教法进行探索、开发、实施；三是方法的转变，积极倡导自主、合作、探究的教学方式，把居高临下的教授者转化为学生学习的促进者、合作者、指导者，强调师生互动、生生互动，努力形成学习的共同体；四是手段的转变，注重教学资源的开发与整合，关注教学情节的设计，逐步形成相互讨论、平等对话、深入研究为特征的教学新局面。我校根据这"四个转变"，结合科学课堂教学实际，探索出了新的科学教学模式：预习提出质疑——实验操作展示——观察归纳记载——分析总结拓展。

二要"探路子"。五年来，我们根据不同年级段的研究任务确定课堂重点培养目标。三、四年级主要培养学生的科学兴趣、良好的科学习惯和规范的科学实验操作，五、六年级主要是培养学生探究能力和科学思维能力。科学课堂上，教师的精力主要集中在深入地观察每个学生，提出具体的学习任务，以诱发学生探究学习，组织实验观察、交流实验发现、归纳实验结论。对学生来说，科学课堂是有趣的，有动手操作，有实验记录，有交流讨论，像科学家那样探索研究，获取新知，提升素养。我们的科学课教学不再是完成教学任务的一节课，而是放在了学生成长方向、素质培养上，因此科学课成了同学们最盼望的课。

三要"调位子"。第二课堂是培养学生学科学的主阵地,多年来,我们一直坚持自己的特色。一是坚持开展主题科普活动,以切合实际、富有趣味的科普主题为切入口,在实践中让学生体验科学发现、科学探究、科学创造的过程,不断增强学生的科技意识、探索精神和动手能力。如:组织学生参观宜章污水处理厂,引导学生进行"玉溪河水污染"的实践研究;组织科学俱乐部的学生参观考察宜章县长策野猪养殖基地,让孩子们跟野猪进行零距离的接触,了解野猪的外形特征和生活习性。二是坚持利用周四下午时间开辟兴趣小组,实现由课内延伸至课外,由理论拓展到实践,现在有科技制作等 23 个活动班级。通过几年探索,我们实现了三个增加:增加了上课教师,由原来的本校教师增加了家长义工;增加场地,由原来的墙内学校增加了种养基地或工厂;三增加了内容,由原来的课本内容增加了观察动植物生长变化和自然现象的探索。三是坚持每年定期举办科技节活动,2013年首届校园科技节项目少形势单一,到后来项目多、形式活,使参与学生从几十人增加到几百人,到今年已经是全员参与。

四、大投入,精布局,打造创新科技校园

首先是加大资金投入。去年暑假,学校对科研基地的设备设施建设十分重视,在教学用房紧缺的情况下,腾出了一间 120㎡ 的教室作科技活动室,投入资金 45 万元完善器材设备。还投入 90 万元改善已经老化的实验室和仪器室,建成了郴州市标准化的一流实验室。

其次是精心布局。我校利用每个楼道、每面墙壁、每个角落进行宣传,营造有化香、书香、科技香的校园氛围。学校主教学楼的墙面上挂上烫金大字校训、目标;其他楼道和走廊的墙面不断饰新,展示名人故事、学生科技成果、教师科技成果;操场围墙面，装饰着十二生肖图、二十四节气图；运动区四周，绘着科学健身图。本期我们对操场的绿化和美化工作重新打造，按高中低三个不同层次新增35种草本和木本植物。高层种植香樟、水竹、桂树、橡树，中层区种上红花继木、千里香、月季等多年生木本植物，最下面种有紫云英、蝴蝶花、凤仙花等花草。每种植物花卉都挂上"介绍牌"，让学生在休憩时观察、认识、探讨，有意识培养学生对自然科学的兴趣。

教室也是我们进行科学观察的阵地。我们在创建"绿色教室"的基础上，倡导"环保教室"。每个教室做到绿色植物、草本花卉、水草鱼类、盆栽盆景、手工制作、绘画剪纸等有机组合，并将种养护工作分配到每个孩子，把观察到的现象和养护工作写成观察日记和养护记录。这样的环境创设让孩子们在实境中学科学、用科学、做科学，一举多得。

五、用网络，领航标，扩大科研示范辐射

从2017年下期起，我校利用每周三的教学开放日活动时间，面向全县开通名师直播课堂。一期以来有五位科学教师上课。他们在课堂中培养学生的观察、对比、实验、交流的能力，展示了我校科学课堂教学培养学生的科学素养的探究。今年4月份，我校又举行了首届科学教师实验技能的操作大赛，也向全县网络直播，还与黄沙、赤石两所乡镇学校教师进行网络同步教学研讨活动。我校8位参赛教师现场演示并解说实验过程、实验现象、实验结论，并以填写实验报告的方式进行比赛。他们准备充分、操作规范、结论正确，展示了专职和兼职科学教师个人风采和业务能力。我校总评委夏老师做了有针对性的点评，黄沙、赤石两所学校的老师也发言说我们的活动新颖、有时效性。县科学教研员肖晓月老师作了重要讲话，充分肯定了这次网络教研活动扩大我校科研基地工作的示范效果的重大举措。连永兴教育局和科技局的领导也慕名而来，他们一行13人到我校进行参观和学习。

随着科研基地创建的深入，我们收获了累累硕果。在郴州市基础教育课程改革典型案例评选中，我校的《小学科学素养的培育的研究》获一等奖；在郴州市第三届优秀教研组评选活动中，我校科学教研组获得一等奖；科学校本教材《我们爱科学》获市一等奖、省三等奖；学校被评为国家级"五好小公民"读书活动先进单位，省级创新教育基地建设学校，市级课改样板校，市级经典诵读活动先进单位，市级实验教学先进单位，市级信息化工作先进单位等荣誉。学校有437人次在国家、省、市、县青少年科技创新大赛中获得不同等次的奖励，还有12位教师获得省级市级和县级教学比武大奖。

五年来，教育科研基地工作的开展与实施，我们付出了辛劳，收获了成长与快乐。这些成果的展示与推广，为我县科学教育起到了导航与引领作用。成绩属于过去，未来任重道远，我们将一如既往地在科学教育与创新实践中继续前行。

2019年12月

用乐教乐学助推智慧校园

"十百千万工程"是信息化2.0行动中5个大块中14项中间其中的一类。从中央到省里面，成立了专门的信息化办公室，对教育信息化工作从行政方面予以重视。无论是中央信息化办还是湖南省信息化办对从事"十百千万工程"，都有很多很多的资金支持。

我们三完小的老师在从事信息化试点项目时，就是基于课堂教学，改变课堂教学模式的一种探索。无论是学校硬件设备宽带网络，还是办学理念、课堂教学、资源库的建设等，我们学校都走在了前面。老师学生信息化素养得到提升，课堂教学的实施大为改观，经济上得到了实惠。

全县最早做信息化试点项目工作的是进修附小，我们学校是第2个信息化试点项目的实施单位。信息化试点项目至此像雨后春笋。有很多学校都在积极的申报，而且在实施中，比如承启红军学校和二完小，以及一六镇和梅田镇的梅田学校都是受益者。

1. 以信息化示范校实施工作为契机。

当我们做完了信息化示范校工作，从这里无论是我们的老师还是学生，都得到了实惠。我们知道，做信息化示范校，还要做更多的工作，那么我们要得到的实惠也会更多。所以，我们学校一干人,坐下来为这个事开会研究准备怎么做。大家下定决心一定要把这个事情做成。

做的第一件事就是学习。我们的口号是,学习学习再学习,这是强化我们永不落伍的法宝。

从学习的主体方面来说,我们做到全员参与。首先从我自己做起。我要求自己不当门外汉,当好领头羊,我要我们的老师,跟着我来学。我说我在学,你也要学,我在进步,同样你也不能落后。这就是我提出的学习观。去年全县申报培训者的培训班学习,我那么大年纪,还是主动申请,后来才知道全市有四五百个老师提出了申请,最终选派了小学45个,中学45个老师,参加这一期培训班的学习。其实每年的外派学习,我只要有机会,便不想放过。平时在家里,只要没事的时候,我都喜欢看书学习。

我还会要求我们的领导干部,都要加强学习。我告诉他们说,村看村户看户,群众看干部。什么样的班子?什么样的领导,就会带出什么样的老师。我们不学习,就会落后,而且,全校的老师都会落后。我给我的行政人员提出要求,看了书以后,要谈学习心得。就是要把这个学习活动落到实处。

平常我会利用行政会、党员大会,以及教师例会组织大家学习。线上加线下,给教师发放一些书籍来强化老师的学习意识。

钟华女老师是我们学校语文老师中很优秀的老师之一。去年我给大家发了一本书,就是做一个合格的老师。他利用寒假期间把这本书看完了。正好今年,申报高级答辩时,抽到了两个题目。它的分值很高。回到学校以后,他掩饰不住内心的激动和感谢,悄悄地告诉我说,范校长,感谢你那次班主任活动时,送给我的那本书。这次答辩的题目,在那本书里面,我找到了答案,所以我能对答如流。

这个学期我们利用每次教师例会，组织大家学古诗。尤其要求作为领导，要找到内容，在教师例会前几分钟就让大家一起诵读。

当然，为了让老师学习，我们也采用了很多办法。比如通识培训，我们利用湖南省教师发展网要求，五年里每个老师要攒360个以上学分。我们以此为契机，让我们的老师树立终身学习的观念，要求所有老师都要每年认真进行网络培训。

再次就是外派学习。城区学校有很多到市级，省级学习的机会。一般情况下，只要是分配到我校的任务，或者我知道这个培训学习，对老师很有用处，我都会主动联系教育局各部门的领导要他们及时的下发指标指数，优先考虑我们三完小的老师。我印象非常深，数学老师她们开始做翻转课堂的时候，搞不清什么是翻转课堂？怎样做翻转课堂？怎样做微课？怎样用技术进行制作，分享，存储等一些技术性的内容。于是我就安排骨干教师，一次性4个4个的出门去学习。翻转课堂在语文老师中也有很多人在用，当有这样的机会，我也安排了语文老师去参加。外出学习的老师回来以后，不但自己运用于教育教学管理中，还应用于与家长的沟通，以及学校的宣传中，同时也不断地教给其他的老师。这个学习我认为大家受益，这个钱我认为花的值。

我总记得，当我和陈艳华等几个老师，去株洲参观学习他们的信息化工作以后，回来就用"初页""美篇"等这类App做宣传。我们值周的校长要用"初页"或是"美篇"把一周的值周情况，全部用相片和文字进行编辑。我们的中层干部就要求要用美篇，小结或者是总结每一项具体的工作。而我们的班主任，任课老师，就把班里面有声有色的活动用美篇把它制作出来。

当然，对于在座的各位都是信息化素养非常高的能手。而且到此时，这也不是什么新鲜的事。但当我们学校开始使用的时候，在全县，应该是掀起了一股热浪。每一次，我把我们学校里面，周工作总结，或者项目工作总结，以及班级活动的总结，发到全县校长群中时，就可以看到，有很多学校的校长在点赞。最可喜的是，在全县，很多的学校，很多的老师，很多的领导，都在用我们用的这些 App 做宣传。

2. 搞清大数据、智慧校园、大平台。

中国已经进入了一个新的时代，那就是大数据时代。在这个时代，全数字化移动，互联网式的生活正在逐渐普及。

国务院在 2015 年发布的我国首个有关大数据战略的文件中指出，大数据是以容量大类型多，存储速度快，应用价值高，为主要特征的数据集合。其中，出现高频率的两个词就是共享和开放。

在这个大数据时代，对于我们教育工作者来说，无论是学校的管理者、普通老师，还是企业研发者，如果没有很好的数据意识，数据思维和数据能力，那么就一定做不好工作。

智慧校园是在物联网与大数据时代背景下，对互联网加教育，社会教育和大数据平台的具体实践。智慧校园是指以原有数字校园为基础，以数据采集分析应用为重点的一种校园新模式，旨在让校园更加智能，教育更加智慧。打造智慧校园，就得从智慧课堂入手，为智慧课堂搭建平台。这也是符合教育信息化行动 2.0 行动计划的。

我们一直希望拥有这样一个平台，能够达成我们的目标：第一是，不用花钱，第二是服务态度比较好，第三是根据我们的实际需求，能够实现收集使用数据、沟通交流展示、资源丰富、使用方便快捷。

当我们把这个想法跟市电教馆的古映霞馆长汇报时,他从众多的平台厂商中,为我们介绍了乐教乐学平台。他的理由是,不光能实现我们所讲到的功能,最关键的是,它是信息化办重点推广的一款App,能在手机和电脑的终端共同使用,并且,目前在所有免费搭建的平台中,它的性价比是连续几年排在第一的。

我这人有一个习惯,只要听到别人说这个东西好,我就一定要想办法去谈个究竟,了解一下情况,看看是不是适合于我们。

特别是在平台使用方面,因为之前,有很多家公司来我们学校,都进行过介绍。但对于他们天花乱坠的说辞,我只要提两个问题,他们就会哑口无言。我觉得,他们一定不可靠。因此我跟学校电教中心教研工作人员,学校信息化素养比较高的优秀教师代表,一起来研究。在平台使用过程中,我也经常会接收到老师的一些反馈分析其利和弊。特别是针对弊,我会和商家及时地进行沟通,问他们,老师中发现的这个病,他能否用有效的措施,在短时间内解决。这一点我是特别注重的。

在过去的一年里,我们使用乐教乐学的平台开展相关的交流展示工作,同样我们也发现了它的许多优点,这是其他平台所不能比拟的。

比如,它可长期保存资料。还有,在课堂教学中,平台中可以使用的资源非常丰富。

在学校管理层面上来说,它还有一个优势,那就是作为大数据分析。在我的手机里,我随时可以看到三完小每一个班上传资料,图片开展活动各方面的情况。最关键的是一目了然地看到,平台上上传数量的总数以及各方面的数据。我用来分析相关工作的时候,这些可以作为一个重要的数据资料。

在它所设置的项目里,既有公共的资源储藏的地方,也有个人资源摆放的地方，个人资源只有自己能够看得见，现在我们学校里面的资料，如果是电子版的，每一个学期，放假之后，都会上传到乐教乐学平台，而且是免费的。

我们也发现了有些项目，是不符合我们学校使用的习惯。比如，我们用微信上传学生的视频，可以直接点着微信里面的照相设备，然后上传到页面上。但是乐教乐学平台在上传资料这一块，就比较麻烦。最为关键的一点，是上传的视频时间不能太长。通过我们反映，在这一方面还是有所改进，但是有时使用也不尽如人意。所以我们几度与工作人员小范进行联络，要他到现场，与我们学校的骨干教师、教研室领导进行现场答疑解惑。有些问题能当面解决，有些问题不能当面解决，但是他会把不能当面解决的问题带回公司，由公司统一进行完善。现在我们学校使用的乐教乐学平台的版本，应该是升级版的再升级版了。有了我们三完小之前的探索和实践，我们相信，这个平台一定会越来越符合我们实际需求，解决我们实际工作中不能解决的问题。

信息技术与学校教育教学管理深度融合，改变了我们的理念，同样也助推了我们智慧校园成长。我们希望有更多的学校参与到智慧校园的建设过程中来。我们也愿意与更多的学校一起实践。一枝红杏不是春，万紫千红才是春。

最后我想与大家一起分享陶宗仪《南村辍耕录》之《奚奴温酒》中的一句话：一事精致，便能动人，从一而终，就是深邃！

2019 年 4 月

落实"六点"抓质量　辛勤耕耘创佳绩

质量是学校的生命线。多年以来，我校把质量作为重要的工作抓精抓实，也得到了领导和家长的肯定。具体从形成统一思想、强化团队意识、狠抓两项常规、携手家长义工、搞好课题研究、融合信息技术这六个方面做了工作。

一、形成统一思想是出发点

抓质量要把思想统一放在第一位。首先是班子成员思想必须高度统一，我们必须明确教育教学是学校的中心工作，其他工作必须服从、服务于教学工作。其次必须让所有教师看清一种现实教学质量是衡量教师业绩的重要砝码，把教学工作干好，教学业绩突出、工作干得出色作为是评先、评优的先决条件。一是每年年初的第一个会议，就是六年级质量动员大会。这是凝聚人心、鼓舞士气的大会，通过从不同角度分析形势，让教师了解政策方向，明确目标愿景；平时无论是班子会还是教师会必须要谈质量、必须要讲教学，把提升教学质量放在学校工作的首位。二是唱响以质量论英雄的论调。每年教师节，我们根据教师成绩在全县的名次评选出县级和校级的"优秀教师"；在每年年初的教师例会上大张旗鼓进行表彰，给老师发证书，还在微信公众号上宣传他们的优秀事迹，让他们有很强的幸福感和获得感。三是严把教师任课关。每年度开学初，我们就让教师自己申请岗位，年级组选聘教师。我们优先让六年级先选，选择思想素质过硬、教学理念先进、业务素质精良的好教师担任毕业班教学工作。这样，从年级领导到职能部门再到教师，质量第一意识得到了强化。常说心动不如行动，但我认为心不动就不可能有有效的行动，因此，抓质量必先抓思想。

二、强化团队意识是支撑点

三完小的目标是"做最好的自我"，人人都有"三完小是我家，荣誉靠大家"的团队意识。首先是校长带头。校长带头上课、带头深入课堂听课评课议课、带头深入到年级组帮老师排忧解难。其次是依靠教师。依靠教师就必须改善管理。特别是对教学、对教师的管理，必要的行政制度管理不能没有，但更重要的是落实"感情也是生产力"。这就要求，领导要时刻关注教师的思想，关心教师的生活。同时要信任和尊重教师。被信任、被尊重是人的基本需求之一，一个人当他感到被别人信任和尊重时，才会感到环境的亲切，心情的舒畅，工作起来感到有劲。俗话说，"好心态才会有好状态"。另外，在老师之间不断弘扬"有长处，互相学习；有短处，互相包容；有苦处，互相谅解；有难处，互相帮助；有失误，互相提醒；有快乐，共同分享"的品质和境界，营造和谐氛围。去年我校六年级有个班在几次模拟考试后发现有个班的成绩不但没有提升，反而在下降。大家的团队意识在实践中被激发。为了补短板，居然创造性地想到了针对这个班的实际情况分解任务、定点培养、分类指导带回家中、反复训练等这些高招，在多管齐下的举措下，增进了领导和教师之间的凝聚力和战斗力。实现整体质量提高必须解决好教师在教学中抢时间、教师之间合作差的现象，最好的方法就是捆绑。每个学期末我们都会开展年级组的评比活动，这是一个以"捆绑"为基础的教学效果考核及奖励机制。以年级捆绑为前提，根据年级总成绩在全县的合格率确定整个年级是否获奖，以及获奖的额度，这是"大捆绑"。"小捆绑"就是"班级组合"捆绑和"学科组合"捆绑，最后把"班级组合捆绑，学科组合捆绑，个人成绩"三项成绩作为教师教学效果考核和奖励的依据。捆绑的目的就是建立以班组、学科为纽带的团队共同体，使老师相互之间真正合作，做到心往一处想、劲往一块使。

三、狠抓两项常规是关键点

常规管理是提高教学质量的重要法宝，我们根据学校的实情从抓细、抓精着手，尽力追求教学常规管理的不断优化，在不变中求变，在常规中出新，真正抓出实效。第一是抓备课。我们的做法是先抓提前备课。每期放假前就会分配备课任务给老师，在假期里准备下学期的课程教案。再抓集体备课。开学后进行单元集体备课，每周固定时间，固定地点。三抓个性化备课。在此基础上我们要求教师根据自身和班级学生的实际，在个人的纸质教案上修改完善教学设计，形成个性化的备课。通过这一系列有效的备课措施，我校教师的教学水平与薄弱学科都得到了较大的提升。第二方面抓论文。我们不在放假前要求老师交论文，平时做完一件事就让老师及时总结及时上交，让老师有事可写；开学后一个月就是教学节，会开展管理类论文、学科类论文、教学设计等的评比，做到人人参与，每人每年两篇。改变了过去放假之前交、质量不高的情况。第三方面抓上公开课。课堂是提高教学质量的主阵地。每学期我们都要安排听公开课，从开学后第二周开始的"教学开放日"活动，我校已经连续举行了5年。活动分学科、分年级，每周二语文、每周三数学、每周四综合科，雷打不动形成常态。听课后领导和老师们一起积极参加评课和课例研讨活动，在常规课中探索出新课程的教学新特点、新方法、新途径、新模式。全校老师轮流上课，一个学期下来基本做到人人上课、人人听课、人人评课。第四方面抓检查。我们认真落实教师教学常规及学生学习常规，对教师的备、讲、批、辅、考、研等各方面都做出具体明确的规定，使教师的常规工作有章可循，学习有榜样，赶超有目标，跟踪有效果。

四、携手家长义工是着力点

我们三完小的校徽其中一个寓意就是三完小就是由三个部分组成，孩子、老师和家长，只有家校合作，才能托起明天的太阳。家长永远是学校不可或缺的一个主体，他们参与也乐意、他们监督并宣传。这几年来，我们让家长参与学校管理、让他们到学校为孩子们上课、让家长们监考，还有开展亲自阅读读书活动，也让家长们互相感染，在提高家长素质方面做了很多工作。碰到班里哪个孩子在学习上表现不好，那班级的其他家长就会出谋划策，不让一个孩子掉队。

五、搞好课题研究是生长点

我校从2013年开始在小学数学课堂中实施翻转课堂的研究的课题，用课题带动课堂模式的转变，用课题培养孩子的学习能力。四年的时间，成绩斐然。2017学生素养大赛全县第一，六年级毕业班数学排名在前，而主持课题研究的老师，所教的班数学成绩全县最好，把几个没有实施课题的班级远远甩在后面。老师在每节课前都会要求孩子们先看视频自主学习，在课堂上先让学生自己互相答疑解惑，老师在关键处点拨、总结、提升。获得成功经验的老师还对其他学校产生影响并被邀请上课和传授经验。近几年，学校在省市级已经结题的课题有7个，正在研究的课题有 4 个。这些课题都是结合实际产生，并广泛应用于实际，是质量提升的重要原因。

六、融合信息技术是突破点

信息技术与教育教学深度融合不仅是全国的一大趋势，更是我们实际教育教学管理中的一项重要任务。这几年来，我们从做信息技术的试点项目到信息技术示范工作，都在努力探索一条信息技术与课堂教学深度融合的路子。我们转观念、搭平台、找资源，开展教育教学与信息技术的融合工作，开展家校互通的融合工作，起到了很好的效果。现在二年级的 144 班就是一个很好的例子。通过在平台上交流展示，布置任务，老师学生家长齐参与，一天不落下，三个多学期来考试成绩双科合格率、优秀率均为 100%，每个学科考试 100 分的都有 20 几个。

2019 年 9 月

感悟人生篇

- 做有温度的老师
- 微霞满天余晖情
- 让爱与你我同行
- 家长与我们同行
  ……

做有温度的老师

今年六月的天气有点特别，雨天多晴天少。今天又是下雨，我心里不由得又担心起来：老师和孩子们在路上是否安全？校门口的下坡路上会不会有人滑倒？我习惯提早到学校。今天七点多赶到了学校，在校门口巡视了一番。八点钟时大部分老师和学生都已进了学校，看见大家安然无恙，我也就把这颗悬着心放到了肚子里，走进办公室开启自己幸福的一天。

前段时间看到一份杂志说就专业技术人员对周围人和事的关注度进行了调查，结果不容乐观，特别指出教师这个群体"两耳不闻窗外事，一生只教圣贤书"，对周围的人关注度不够。专业技术人员属于社会中坚阶层，他们一是对健康冷漠，觉得关不关注其实一样，日子照过；第二种是负面的冷漠，也就是说，对于时代和周围内心有一种抵触，干脆不关注；第三是只关注跟自己生存有关的因素。这是一家权威杂志，调查的可信度还是很高的，但是这样的结果着实让我非常的担忧。老师尚且如此，那他们教出来的孩子岂不更加不关注身边的人和事吗？

强烈的责任感让我感到在新时代面前，身为校长如何改变这样的现状，营造出人文的有温度的教育氛围很重要。正在想这件事，文亚琼主任急匆匆地跑进来："校长快点下去，欧校打了你几个电话都没接,吴小兰老师在下坡处摔倒了。欧校正好看到后马上去扶她,可是几分钟都没站起来,不知道是不是摔得非常厉害,你赶紧去看看吧。"我来不及多想,抓上手机跑下楼去。由于城镇建设的原因,我们学校和校外的路面形成了较高的路面差,走进校门得下段陡坡才能进入操场,走进教室。已经有几个老师在这段路上摔过跤,虽然都没有造成很大伤害,但是毕竟存在安全隐患。我和后勤的几个领导说了多次,要抓紧时间去整改。可是因为工程量太小找了几拨人过来看工程都没有人愿意干,好不容易请了一拨人也说一定要等到暑假和操场改造一起做才能施工。

等我跑到校门口,发现不光是欧校长在场,还有几个老师在吴晓兰老师旁边,有的托手,有的扶腰,有的帮她拿着东西,有的在询问。这一幕既让我心疼吴老师,也让我感受到了老师之间的相互关心。我们迅速拨打120把吴老师送去了医院,工会胡五一主席同一时间赶去了医院,安稳办姚继泉主任则赶快去调视频监控查看情况。经过一系列检查,得知吴老师是扭伤和轻微骨折,身体并无大碍,我才松了一口气。

这件事情的发生纯属偶然、意外,但我依然很感动,因为有这么多老师像关心自己的家人一样关心吴老师。在吴老师摔下去的一刹那,欧校长第一个跑了过去,邹芳、刘向荣、范儒梅等几个老师也迅速跑了过去,还有李异军、薛功峰等几个男老师闻讯后马上从办公室跑下来,吴礼峰老师则主动请求送她去医院,欧校长和胡主席在她家人没有来的情况下,给她办住院手术、陪她检查,等等,忙前忙后忙了整整一个上午。这些老师的关心让我感动,也让吴老师感受到了同事之间的温暖。

感动的同时我也很自责,因为陡坡改造工程量小找了几拨人都不愿意来，愿意做的人非要等到暑假才能够过来做。我没能坚持自己的意见，让他们及早来改建这段坡，才导致吴老师的摔跤事件发生。她摔跤时，我也没有能在第一时间，来到她的身边，更因为代欧局长参加一个全省重要视频会议没能亲自陪同她去医院，心里很是愧疚。中午12：40散会后，我立即跑到医院去看望吴老师，但是这也不是我原谅自己的理由。

通过这件事让我看到了我们学校的老师主动关心他人的一面。学校是个大家庭，老师就是这大家庭中的一员，大家主动关心互相照顾，学校就会变成人间天堂。我们学校有不少老师在工作、生活中遇到种种困难。像吴老师这样年纪比较大而小孩又不在身边的中老年教师在有困难时需要得到集体的帮助，还有一些带二宝的老师，要忙工作的同时还要照顾家人和两个孩子，孩子生病时也需要得到大家的谅解和帮助。如昨天晚上黄永平主任的二宝患手足口病，邹芳老师在教师微信群里面求助黄主任时，欧阳任波老师主动代为回答、帮助。在"一师一优课，一课一名师"晒课活动中，有些教师因为网络、电脑或者浏览器等方面的原因不能晒成，对电脑在行的老师则主动帮忙，使得大家完成任务。还有我们六年级的廖志清、吴东红老师，把班上的学生当作自己的孩子一样对待。孩子犯了错就认真教育，孩子外出没有按时回家，两人就像父母一样为孩子焦急着、担心着，并和家长一同寻找着。

有一则寓言，说的是有人去地狱和天堂看了看，到了地狱，发现里面的人都面黄肌瘦。因为没有吃的。为啥没有吃的呢？并不是没有食物，而是筷子太长了。长过手臂，夹一块肉送不到自己嘴里，所以有鱼有肉，但是没有人能吃得到。后来又到了天堂，天堂里一片祥和，他们的筷子也是很长，但是他们为什么能吃到呢？他们互相喂。这就是天堂和地狱的区别。地狱里，各自为政，都想喂到自己嘴里，结果都饿着；而天堂里用协作的办法，你喂我，我喂你，结果大家都吃到了食物。这个寓言告诉我们，天堂里的人都能够互相关心，关心他人的同时也被他人关心着。一枝一叶总关情，一个微小的举动，一句温馨的话语，都能够让我们感受到同事之间的温度。我们都做个有温度的老师，学校才会成为有温度的学校。

2018年7月

微霞满天余晖情

回首执教生涯，笑看桃李芬芳。这个学期，我校肖检英老师和陈晓瑞老师光荣退休。两位老师为教育事业默默耕耘了几十年，其中有十几年教育生涯是在三完小度过的。她们对工作兢兢业业，对领导尊重有佳，对同事关心体贴，对学生循循善诱，对家长礼遇有节，她们在三尺讲台上用激情和智慧谱写着教育人生。

我总记得肖检英老师当班主任时有个孩子非常调皮多动，她非常耐心地反复教育。每次想斥责时，高高举起的手又总是轻轻地放下。她对孩子真是既严又爱。在她慈爱与严爱并用下，孩子进步很快。而陈晓瑞老师，为了使待合格学生弄清每一个知识点，她从课内辅导到课外，从下午辅导到夜幕降临。要是天黑了学生还没学明白，她就打开自备的电瓶，让孩子们在电瓶的灯光下完成作业然后再送回家。在她们两位老师身上，这样的感人事例太多太多。这就是我们三完小优秀的个体，优秀的教师。因为有了三完小这一批优秀的个体，才得以让我们三完小从一个名不见经传的村小成了全县教学质量和课程改革名列全县前茅的学校。

莫道桑榆晚，微霞尚满天。退休是每一位教师一生中必须要经历的一个过程。它意味着为集体工作、为国家做贡献告一段落。我对她们说，祖国是个大花园，你们是辛勤的园丁，一辈子都在浇灌着祖国的花朵。你们与所有的园丁在一起勤勤恳恳，任劳任怨，留下了许多可歌可泣的动人故事，希望你们经常回忆起和大家在一起培育祖国花朵工作的点点滴滴。你们可以自豪地说你们不负青春，不负韶华，无怨无悔。虽然你们退休了，但是后面还有许许多多的园丁在默默耕耘。相信她们能承前启后薪火相传，就把这些未来的花朵留给她们来浇灌。我们希望你们常回家看看，把你们宝贵的育花经验传给其他园丁，把你们好的建议带给学校，更希望你们在今后能积极地参加退休教师的活动，继续享受三完小这个集体的温暖。

等闲识得东风面，万紫千红总是春。今年恰逢有湖南省总工会出台政策，对退休工会会员可以退休慰问，这正是赶上了好时机呀。学校党支部行政和工会一致决定要为两位老师隆重举行欢送仪式。这既是对两位老师过去几十年所付出的辛勤劳动表示肯定，也能激励我们在职教师，认真勤勉，敬业担当。俗话说，"铁打的营盘流水的兵"，教育战线上学校就是铁打的营盘，老师就是这个营盘里流水的兵，也是这个营盘永远的支撑。今天她们退休，明天我们也将退休，离开心爱的三尺讲台。我们希望今天的欢送仪式也能成为对每一位在职老师来说有特别意义的活动，希望当我们退休时面对自己的工作，面对自己的同事，面对自己的良心，能骄傲地说我对得起我所从事的职业，对得起我所教过的学生，对得起我工作过的学校。我和肖老师、陈老师聊过很多她们的教育故事，她们讲述时流露出来的是一种自豪，是一种幸福，是一种获得感。就让我们所有的老师都向她们学习，在平凡的工作岗位上工作着，把复杂的事情简单做，把简单的事情重复做，把重复的事情用心做，成为赢家，成为行家，成为专家。

2018 年 7 月

让爱与你我同行

——第二周值周感悟

9月7—9日是腾讯"99公益日"募捐日子。这三天里,宜章三完小积极响应县教育基金会发出的募捐号召,邀请全校老师、学生家长以及老师的亲朋好友在微信朋友圈大力宣传,在腾讯99公益平台上进行募捐。

在本学期第一个教师例会上分管副校长就传达了有关精神,并对网上募捐操作流程进行了培训,准备让老师和家长一起参与。例会结束后,

开展腾讯99公益活动的募捐启动仪式

学校的老师们立即着手组建团队,转发微信群、朋友圈,亲人朋友再把募捐链接转发自己的微信群、朋友圈……于是在这层层转发之下,开学这一周内,我们朋友圈被"腾讯99公益募捐"刷屏了:"赠人玫瑰,手留余香","你我手牵手,爱心奉献留守儿童","不管捐多捐少,说明你都心系留守儿童","爱心小窝,邀

你共建"……老师们可谓是挖空心思、别出心裁,设计出各种文案。俏皮之余更让我们感觉到这个温暖大家庭的爱,也让我们感受到了三完小老师的行动力。

腾讯99公益活动的募捐情况截屏

我们的家长朋友也在行动着。今天早上,我在校门口值日碰到了一位头发花白的老爷爷,他非常焦急地跑过来说:"领导好,我想捐30块钱,我不会用微信捐款,你能帮帮我吗?"我首先向他表达了谢意,接着接过了他的手机,点开了链接希望能帮助他

感悟人生篇

完成募捐。但是在输入密码时，他报的几个密码都不对，连输了两遍都是错误，捐赠也就无法完成。最后，他说："实在搞不定我就交现金可以吗？那我的现金又要交给谁呢？""交给班主任吧"……通过大家转发学校链接，有很多朋友纷纷伸出自己的爱心之手参与捐赠。仅在短短的三天时间里，有4千余人参与了我校组建的团队募捐，募捐金额共达到3万多元。

爱心捐赠露真情，从这次活动的参与度和捐款金额我们可以看出大家对学校发出号召都在第一时间积极响应。正如我们学校的家长义工，多年来对学校每项工作都在回应。大家用实际行动默默支持，与老师一起做了很多工作，如搞卫生、战疫情、护校安园等。他们是自家孩子陪伴者，更是全校孩子们爱心守护者。而孩子们也得到了来自全社会的关心和爱护，他们被爱包围着，感受着大家庭带给他们的温暖和爱。我们更希望全社会传递爱心，个个参与，让爱与你我同行，也让全世界充满爱。

2020年9月

家长与我们同行

——2020 年上期第二周

"一枝才谢一枝殷，自是春工不与闲。纵使牡丹称绝艳，到头荣瘁片时间。" 5 月，校园的月季开得格外艳丽，如一群娇艳的天使在校园里载歌载舞，迎接师生返校。

树月季是我们今年春天引进的一个新花种，它不但花期长，而且一年中能开多次。这些树月季虽然种下的时间不长，但今年已经开放了几次，而且愈开愈艳。漫长的假期结束后，孩子们重返校园第一眼就看到了这盛开的树月季，不禁又惊叹又欢喜。他们为它的美丽

校内树月季争相开放

感悟人生篇

而惊叹，更为有它的迎接返校而欢喜。

我们都不曾料到这个寒假会如此漫长，但是冬天总会过去，春天总会来临。当树月季盛开时，我们终于迎来了开学季。虽然已是春暖花开，但疫情并没有结束，反而开始在全球开始大规模爆发。在这种形势下，开学前的筹备工作显得尤为重要。为了迎接孩子们顺利返校，我们提前一个多月做了大量准备工作。特别针对开学当日和开学后的具体安排，学校领导反复研读有关工作指南，商讨具体安排，细到对每个环节、每个时段、每个特殊情况的工作，甚至连突发状况都做了精心的安排。讨论中，大家不约而同都提到最担心的就是校门口上放学时的拥堵。我们学校处于县城正中心，正对繁华的宜兴路，没有留给学生任何疏散的余地。以往学校大门是在上课前半小时开放，常常有学生提前1小时就到校门口了，于是时常出现学生在校门口扎堆的情况。疫情期间最忌讳人群聚集，于是如何避免校门口的拥堵成了各级领导和社会人士关注的焦点，同时也是我们学校工作的痛点和亟待解决的重点。

我们想到的第一个办法是让老师们提前到校值班。但是这个学期时间短、教学任务紧，老师们只有通过每天加一节课、周六补课和延长暑假的办法来完成教学任务。随着孩子们返校，每天必须两次对孩子们的体温进行"过三关测量"，如果再把校门口值勤的任务加到老师身上，势必会造成老师们任务超负荷。于是我们想到了"家长义工"。他们是"宜章好人"的代表，也是近年来我们学校一道特殊的靓丽的风景线，他们不仅理解、支持学校的工作，而且在学校管理和重要活动中冲锋在前、不计报酬、真情奉献，积极参与到学校工作中，成了学校不可或缺的组成部分。为了迎接复学工作，我校的家长义工协助班主任做好了口罩的定制、统计和发放工作,还主动把课本送到孩子家中,以便孩子们进行线上学习。我们通过班主任向家长义工们发出号召,希望他们参与校门口的值勤。通知发出后,各班的家长踊跃报名,让我们感动不已。

从开学的第一天起,家长义工们每天早上七点,下午两点赶到学校,给孩子们测量体温。上午下午放学时,他们又提前半小时赶到校门口配合值勤老师维持路队秩序,疏散拥堵的家长。这两周以来,高年级各班的义工更是组织有序,使学生的体温测量率达到了百分之百,并有效避免了学生扎堆。

我会对校门口值日的每个家长义工说:"每天在这里值日那么长的时间,辛苦你们了!"家长义工的回答特暖心:"老师,我们乐意。""老师,你们才是孩子生命中的贵人,你们能做的我们做不到。""这段时间的线上教学我们深深感受到,学校的重要和老师的重要。""加强孩子的防护意识,光靠你们老师是不够的……"

每每听到这暖心的话语,我就想起我们学校的校徽——弯弯的飘带上面顶着红红的太阳,寓意就是三完小在玉溪河之南,教师和家长的双手托起初升的太阳,三完小的学生就是那红红的太阳。"做最好的自我"就是我们的目标。家校携手、共护成长的理念,有力指引着我们的行动。

一周的值日很快过去,看着孩子们逐渐养成的良好防护的习惯,在宽敞洁净的校园里正常地学习生活,就像看见满园盛开的树月季享受阳光和雨露的滋润。没有一个冬天不可逾越,没有一个春天不会来临。越过寒冬,我们终将迎来姹紫嫣红,满树花开!

2020 年 5 月

执行力强就是不一样

上周一我校启动"全国青少年禁毒知识竞赛活动",到本周四,五六年级的学生已经全部学习完毕,体现了我校师生的高效执行力。我在行政工作群中表扬了安稳办的领导,也表扬了五六年级班主任。这是教育局安排的一项特殊工作,要求各学校在11月份中旬之前要实现注册、学习和考试三项达到100%,但是我

"全国青少年禁毒知识竞赛活动"部署会

们在 10 月底就已经落实到位了。

我认为执行力强表现在负责领导想办法理清工作思路。陈校长和安稳办的两个主任在做这件事时，首先想到的是在布置班主任任务前，自己要充分考虑清楚在会上要讲什么，要求班主任老师在什么时间之内完成什么。周一早读课，安稳办召开了班主任会议，陈校长说清了为什么要做这件事，什么时间要做这件事。安稳办两位主任则讲清了这件事怎样做，并强调在规定的时间内完成，碰到困难可以直接找他们。

我还认为班主任老师在规定时间高效完成任务也是执行力强的表现。我常常说，想做事的人就一定会想办法克服困难把工作做好，不想做事的人总是想办法找各种各样的理由搪塞敷衍。但在实际工作中，自己责任范围之内的事，不管你想做不想做都要完成。想做事的人积极做事会受到表扬，而不想做被动做事的人即使把事情做完也不一定会受到表扬。陈校长组织五、六年级的班主任开会布置工作任务时，有班主任老师提出了自己存在的困难和问题，但是陈校强调如果碰到了困难和问题，学校会与大家站在一起想办法，而且有学校已经完成了这项任务，我们学校不能落后，必须完成。班主任担心怕自己做不好，会把小问题想成大困难，但只要领导理解鼓励他们，他们一定会想办法做好。学校要求两个星期内完成这项工作，但是才 3 天时间就有三个班级完成了任务。不到 5 天时间，12 个班级全部完成了任务。连我都不敢相信这几个班工作起来居然那么迅速，这就是执行力，就是办法总比困难多。

我很有感触地在行政群里发了一段这样的话：陈校接到了这个任务并向我汇报，我们要召集五、六年级的班主任开个会，把具体的任务和要求讲清楚。你们精心策划好，精准指导好，工作推进快，棒棒的，执行力强就是不一样。

　　陈校做事肯动脑筋，安稳办邓主任和张主任提供了精准高效的操作方法指导，后面又积极跟进，表扬先进，所以落实工作快而好。这种用大脑指挥手脚、先想后做的方法值得学习。但是也有的领导在做工作时，喜欢摆架子，把事仍给下面的人员做；有的领导怕麻烦，总想远离教师，或者直接当二传手，不管事不做事，在工作面前层层甩手，结果搞的怨声载道民声鼎沸；还有的领导不动脑筋，也不敢讲硬话，指挥协调时，听不得老师发牢骚诉苦。以上情况都有可能导致工作推进不力。最后来找原因，这些人总是找别人错，而自己没有半点责任，其实履职不尽职就是失职。

　　前段时间我参加了湖南一师的一个培训班的学习，其中一个专家举了个例子进行分析。某学校布置一项工作时，校长接到文件批字给了副校长，副校长批字给了主任，主任签字告诉了一个普通老师，普通老师觉得是学校大事，既然领导都不管，所以没有做。而等教育局领导来检查时问起这事，校长一通电话打了半个小时都无结果。后来深究原因，是校长没看文件，不知什么时间要做什么事。副校长也没有看，更没有跟主任讲这个工作的思路和安排，所以主任就简单安排给普通老师以示应付。教育局领导直接被气走，同时学校被通报批评。这例子是告诉我们，上级需要落实的工作，我们必须要不折不扣地做，要动脑筋地做，做了后及时反馈及时总结，这样才能做好事，提高效率。如果上级布置的任务用不认真的态度对待，就会做不好。我希望三完小的每项工作都能高效做好，每个领导、每个教师都成为执行力强的人，只有这样我们才能正确履职。

2021 年 11 月

凭什么校长少交 5 元？

2019年元月，学校工会准备收取本年度的会费，按照往年的做法先张贴在公示栏里。殊不知这一张贴在教师办公室却引发了热议。"凭什么校长少交5元？"老师们一时议论纷纷。学校分管后勤和财务工作的欧校长听到老师们的议论后也跑来问我咋回事，我也觉得非常奇怪："我少交了5元吗，怎么没有人和我通气呢？"

交会费是工会会员应尽的义务，我是校长更是普通工会会员，在履行会员义务方面更是一视同仁，这方面的工作都由工会负责实施。至于交多少会费、什么时候交会费等问题上大家都是遵照有关文件执行。可如今出现了这样的议论，并非我这个校长想要的结果，我反思是我个人想搞特权，还是工作人员失误还是失职……为了不把这件事办成坏事，更是为了让教师打消这个疑虑，我觉得自己得先搞清楚，然后告诉老师们事情的真相。

于是，我和欧校长说，那你怎样看这个问题？她回答我说："据说公示中显示我的数字比他们计算的是多算了5元钱，你我同为校级领导，两人却是不同的待遇，大家搞不清怎么回事，我想解铃还须系铃人，工会负责的事还得问他们，并由他们出面解决。"这正合我意。在我俩达成一致意见的情况下，我让她尽快找工会主席沟通。我俩分析，这事表面看是两个校级领导的会费问题，可实际已经上升到性质问题。既然工会愿意进行公示，说明态度很端正，我希望在公示会费的情况下，有必要也可以公示计算方法，让老师们明白工会会费到底是怎样计算的？如果我们真的计算错了，也不能害怕别人给我们指出问题，关键是指出问题后我们怎样对待？就是不能在态度上出问题，如果真是算错了，那么工会必须重新修改会费并按照修改正确的收取。

到了下午，欧校长和学校工会主席一块儿来到我的办公室汇报。他们俩先向我汇报了计算会费时用的方法，也就是会计计算法。会计计算法是：个人月工资×5‰去尾数×12。我听懂之后，也觉得没有错。他们继续汇报教师计算法：月工资×5‰×12再去尾数。并告诉我说两种不同算法中，乍一看没有区别，可实际是有区别的。如果会计计算法算出来每月的基数≤4，用"四舍法"先去尾数×12的方法会比用教师计算法先计算12个月总工资计再去尾数，算出的结果最少有可能少5元。如果用会计计算法算出月工资尾数≥5，用"五入法"去尾数后×12会比教师计算法计算出总工资后再去尾数，算出的结果最多有可能多5元。

原来就是这么简单，因为用了不同的方法就有各自不同的结果。我的数字没有算错，欧校的数字也没有算错，会计没有算错，老师同样也没有算错。最为关键的就是用统一的方法计算，只有这样才能让老师们觉得被尊重。学校在对待老师时有规矩意识的，不可以出现厚此薄彼的情况。小学数学老师是这样教育孩子们的，那我们老师和领导也要这样做。为了不在后续的工作中引起老师们的误会，"三八"节的早晨我在教师群里发了个红包，并且写了一段这样的文字："那天，欧校和我说我的工会会费少交了5元钱，我有点莫名其妙。我问了胡会计才知道他的计算方法和老师们的计算方法不一样。并非我有意少交，还有和我一样少交的，他们最多就是少交5元。也有多交的，比如欧校长就多交了5元。多交的也不止她一个。胡会计用统一的计算方法表格化计算，有可能最多相差5块，而我正好就是少交5元的那个。现在我把用老师们的方法算出来少交的5元拿出来共享，祝福大家女神节快乐!"这么一来，大家就释疑了。红包金额虽小，但它所发挥的价值远远超出了我们的预料，一场小小误会也随着这一次的开诚布公烟消云散了。

　　这件事情中让我感受到，我们的工作一定要做实做细，因为任何一个地方出现一点点小误会，都会影响整件事情的效果。同时也让我感觉到，老师才是学校最通情达理的群体，他们有什么疑问，都需要和他们解释清楚。他们是学校的主人翁，每个人都有话语权。他们的想法与学校的一些做法不一致时，不解释、不沟通、让他们憋闷在心里，就会让老师站在学校的对立面，对学校行政人员不信任，对学校管理也不信任。同样，作为领导在碰到了误会、碰到了问题时，更应该冷静反思。"每逢大事要静气"，这句话时时在我的脑海里浮现，提醒我要设身处地地多站在老师的层面上去思考问题。只有敢于直面问题，不回避问题，问题才会迎刃而解，问题也会越来越少。

2019年4月

让科技之光放飞梦想

在去年 12 月启动的科技节以来，孩子们利用寒假的时间做了精心的准备，创作了大量的作品。这个学期开学初，我们收到了来自 6 个方面不同的作品千余件，无论从数量还是种类方面都超过了以往任何一届科技节。可见，孩子们参与面越来越广，在不同的领域探索也越来越多。

上周星期三，教务处组织了各方面的专业教师对本次科技节所有参赛的作品进行了评奖。从千余件作品中评出了一等奖多少人，二等奖多少人。用评委老师的话来说就是感慨万千，惊叹这些孩子们在家鼓捣出来的作品非常有创意，也很精致。

今天利用课间操时间，对获得一、二等奖的学生举行了颁奖仪式。分管科技创新工作的刘校长亲自颁奖，他不光表达了对参赛选手的祝贺，更是肯定了他们的成绩，同时还希望全校所有的同学向他们学习，再接再厉，从小热爱科学，从小培养自己的动手能力和创新能力，放飞自己的梦想，将来为国出力，成为社会主义合格的建设者和接班人。

同时刘校长还特别表扬了在今年这个特殊的寒假，我校积极响应号召，开展了"停课不停学"的线上教学活动以来，各班老师让同学们结合疫情防控的特殊时期开展的特别有意义的读书学习活动。这些由同学们制作的微视频内容，既展示了孩子们在家的学习情况和学习效果，也反映出他们对于社会的关注和关心。

自三完小举办第一届科技节以来，对培养小学生的动手能力和探索未知世界的兴趣起了很好的作用。我校的刘龙灿同学，所做的作品——手摇发电机发电装置，在湖南省举办的科技创新大赛中荣获二等奖，陆续还有很多学生的微视频、微电影、科学DV连续不断地有同学获奖。

我校为了浓厚科技校园氛围，利用一砖一瓦一草一木说话，设计在校园长廊展示十二生肖和二十四节气等有关自然科学的内容，在学校绿化带种植高中低三个层次的绿色花卉植物，并且给这些花卉植物挂上牌子，把科学信息展示出来，同时还把学生的作品和获奖的成果挂在墙上、摆在活动室。科学老师也利用课堂这个主阵地，积极培养学生基本的科学素养和探索兴趣。学校多年来坚持开展第二课外兴趣小组的活动，每周星期四下午利用两节课的时间开展了科技、电脑、绘画等室内室外的兴趣小组11个，培养学生的兴趣和动手能力。学生家长对我校开展的各项培养学生科技能力的活动也给予大力支持。

疫情来临时，很多人发出感慨，是钟南山、李兰娟等院士用科学知识、专业水准拨开阴霾，守住春天，可见科学技术的重要。教育从娃娃抓起，科技创新工作从小学生抓起。在经历了冬天的洗礼和春日的勃发，为了把更好的夏天记录于眼、珍藏于心，我们一起为孩子们在小学播撒科技的种子，让科技之光放飞梦想，成就祖国的未来！

2020 年 6 月

小米扫地机

近日,女儿心疼我腰不好,在网上购买了一台小米扫地机邮寄回来。因为她知道我每天拖了地板整个人都累趴下了,腰更是不听使唤,半天都直不起。这下子解决了我一个大问题。

到货的第一天,老公安装好后及时充了电,82岁的婆婆问我们这圆形物体是什么,我告诉她说"扫地机器人"。一辈子待在农村现在年纪大了才和我们在县城住的她,听说"机器人"就来了神,总以为"人"就是能说话,还能干活儿。我告诉婆婆,它能帮我们扫地搞卫生。正在端着碗吃饭的她带着好奇总盯着正在充电的"他"一闪一闪。

我说我来试给您老人家看看孙女买回来的高科技产品。我无法想象我的婆婆会有什么样的反应。因为她到我们家就是在三年前才住过来的,以前偶尔来我家也像客人一样。由于生活的差异,家里的各种现代化物品她都不会使用。因此,到我们家来的第一件事就是要她认识这些东西,最重要的就是学会怎样使用。每样物品如何使用她都学得很认真,每学会使用一种物品都会很高兴地告诉我,从而尽快适应在我家居住。

所以看了说明书以后我就开始试用。我边用边讲解,先按开关就可以让它工作。你看清哟,我按的是哪里。我一按开关键,机器人马上说了一句"开始工作",然后就在客厅中、卧室中来回穿梭。我婆婆开心地指着说:"动了动了,还晓得自己去扫地,怎么这么乖?"她目不转睛看着它不停地转动着,脸上乐开了花,顾不上吃饭,弯着腰一直跟着机器人开始走,嘴里还喃喃自语,"还晓得讲话,好乖"。虽然她耳朵有点聋,估计根本没有听清机器人在讲什么,但是那种认真的样子着实让人感觉女儿买的这个玩意儿让她很满意。当扫地机转动到卧室的床底下时,我婆婆急了,"哎哟,哎哟,你快点出来呀,怎么一表扬你就躲起来呢?"扫地机正好就出来了,我婆婆一个劲地夸,"你好乖好乖哈,还蛮听话"。

她吃完饭后马上打了个电话给我的小姑子,描述她今天的奇遇,非常自豪地说:"我们家买了个机器人,太科学了,我活了80多岁都没有看见过,机器人晓得讲话还晓得扫地,扫地还不会重复,最神奇的是跑到床底下,我喊它出来,它居然能听懂……"笑的我和老公捧着肚子。可爱的婆婆居然不知道高科技改变了我们的生活,让我们生活更便捷。

高科技时代的到来,使我们的生活发生了翻天覆地的变化,质量提高自然不在话下。对于二十世纪三十年代出生的她,幸福感满满,每天都快乐享受着生活,与世无争,开心自由。用电饭锅煮饭、用电炒锅煮菜、用洗衣机洗衣服、夏天开空调冬天用电取暖桌烤火、看智能电视、用智能手机……每样东西都是聪明的现代人创造出来的。

未来的生活还会变化很多,也会变化很快,因此我们要活到老学到老,活到老用到老。现在我们很多老师一味抱着原来的方式方法教学生,老办法不管用,新办法不会用,硬办法不敢用,软办法不好用,不想也不愿学。而有的家长面对孩子的调皮和顽

感悟人生篇　　181

疾束手无策，无一应对，听之行之。相比我们家八十多岁的婆婆都不如。

我记得她刚来我家时，电视连续剧看不懂，居然讲出"这日本人怎么那么多，打了几十年都还有"的笑话。到现在每天看新闻，每当我们回到家中，她就告诉我们国内国际大事，如数家珍说得很好。未来已来，我们准备好了吗？你有这样的学习能力吗？

2019 年 4 月

木铎心声篇

- 家校合作　静待花开
- "童心飞扬　快乐成长"
- 打造家校合作共同体
- 让梦想从这里起飞
  ……

家校合作　静待花开

宜章县三完小创建于1988年，现有41个教学班，3095名学生，127名教师。这几年里，我与县三完小全体教职员工立足新起点，审视新问题，探求新思路，以"一个校徽明方向、一份校报展足迹、一种意识强质量、一个特色重科研"的工作思路，全力打造一流的学校管理、一流的师资队伍、一流的办学条件、一流的育人环境、一流的教学质量，创办学生称心、家长放心、社会满意的标准化、示范化、特色化、现代化名校。学校在家校合作方面做了很多有益的探索，合理利用家长资源，创新家校合作方式，整合社会力量，增强教育发展后劲，也取得了很好的实效。学校曾获评"湖南省示范性家长学校"。现将我校的做法与大家一起分享：

一、为什么

1. 改变认识的现状。学校工作千丝万缕，涉及各个方面，而要做好这项工作就要充分发挥家长的作用。而很多人的观点都认为这是多事。每个全日制学校事务很多，再把家长拿进来又要增加一些事务。对于这一点各校都有很多探索，但最后大都不了了之。我校以前同样面临这个问题，除非上级检查，否则对家长这块的工作每年只是开一两个家长会，搞一两次家长培训，就算一年的工作。结果家长对学校工作无任何帮助，反而还引来不少诘问之声，应付了事。家长认识不够。许多家长错误地认为家长是学校收钱的工具、刁难的工具等，学校的工作没有做好是学校内部的问题，好像与家长无关，老是怨声载道，批评指责责难，置之不理。教师难以接受。教师认为增加了他们的负担，本来教书是他们的职责，育人也限于校内，现在还要额外增加管家长、教育家长的工作任务，岂不是多事？事不关己。其实，我们有一个共同的目标，就是让孩子幸福健康的成长。在我们学校教学楼最醒目的位置有一排字"一切为了孩子，为了孩子一切，为了一切孩子"，这是宋庆龄先生提出的，我们现在所做的所有工作（儿童工作），都是为了孩子；为了孩子的一切——涉及有益儿童的所有事项，我们都要努力去做；为了一切孩子——孩子不分三六九，所有的孩子，无论聪明的，智障的，健全的，残疾的，优异的，曾犯过错的（触犯法律过的），都是我们工作的内容，都是关怀的对象。为了把墙面上的字化为我们行动，我校进行了三年多的探索和研究，找准家校合作的突破口，成立家长义工工作队，并以此为契机，创新家校合作的管理模式，做实做强家校合作工作，增强教育发展后劲。

2. 推动学校发展的需要。教育仅靠学校单方面的力量是难以完成的，不管家长的素质高还是低，必须发动他们促进学校教育。父母是孩子的第一任教师，家庭是孩子的第一所学校，他们对孩子的影响力不可估量。但是他们的教育方式方法是非专业的，还可能与学校的教育背道而驰。因此，学校有必要通过合适的渠道开发家长资源，让他们了解、支持学校，增长育儿知识，与孩子共同成长。

3. 顺应时代发展的需要。党的十八大提出了"深化群众性精神文明创建活动，广泛开展志愿服务，推动学雷锋活动、学习宣传道德模范常态化"的精神要求。习近平总书记关于家庭教育做出了一系列重要指示，强调家庭教育在少年儿童成长过程中的重要作用。他指出"家庭是人生的第一个课堂，父母是孩子的第一个老师"，同时强调"家长要时时处处给孩子做榜样，用正确行动、正确思想、正确方法教育引导孩子"。在 2015 年春节团拜会上的讲话习近平总书记又指出，"家庭是社会的基本细胞，是人生的第一所学校"，再次强调"要重视家庭建设，注重家庭、注重家教、注重家风"。在"创建省级文明城市、省级卫生城市和省级园林城市"的大环境下，学校积极响应号召，大力宣传"学雷锋，讲文明，树新风"，倡导志愿服务，带动家长积极参与。

4. 创新家校合作方式的需要。基于以往的各种家校合作存在的种种缺陷，如流于形式，缺乏持续性，组建家长义工队伍，既解决了学校封闭式管理与部分家长要求自由进出学校的冲突，减少学校与家长之间的矛盾，又丰富了家校合作形式，使家校合作落到实处，真正形成了家校共育新机制。

二、具体做法

（一）壮大队伍，规范管理，优化评价机制

1. 先做事后组队。讲一个我的亲身经历。2011 年学校安排我教四年级 72 班数学，这个班的班主任是李晖老师。她是从一年级开始带班上来的。这个班有一个名副其实的家长委员会，人员齐备组织健全功能强大。他们自发、义务为班级、为老师、为孩子、为家长做事，教师布置的作业、奖励学生的奖品、学生的实践活动、资料的选购、学生纠纷的处理、经费的开支等都一一参与，起到了真正的作用。比如成立之初，他们义务把孩子家长的联系方式打印成一个电话联系卡，里面还有所有任课老师的联系方式，孩子回家说我坐在窗户旁边，太阳照得很刺眼，家长马上汇报给家长委员会的人，他们就会迅速做出决定安装新窗帘，而这钱就是他们在家长中募集的。家长跑窗帘店选购，很短的时间就安装好了。期中或期末考试之前，班里要印刷的复习资料家长都积极参与其中，帮忙解决问题。要奖励学生的物品，学生之间纠纷问题的解决，2012年我担任校长，遇到的第一件事就是分流学生到四完小。四完小刚刚新办，为了缓解三完小学位紧张的压力，要调一部分学生过去。怎么调，调多少的问题摆在了领导、学校和家长的面前。为了让家长理解和支持这一决定，我们充分发挥这些家长的作用，多次协商，反复做工作，最后六年级477名学生全部顺利搬到四完小。在每次班主任会上或教师会上就介绍我们72班家长义工的组织和他们的故事，有很多班主任都试着成立这样的组织，学校也组织活动，增强他们的凝聚力，发挥他们各自的优势为学校做好服务。以诚相待换来真诚以待，家长们在活动中找到了快乐及迸发了参与学校工作的激情，并且带动了其他家长参与义工队伍的热情。到现在我校有家长义工一千多人了。而且每位家长义工都戴上了一顶小红帽。这顶象征家长义工身份的小红帽也是2016届一年级135班家长吴利军亲自联系厂家生产的。

2. 健全机构，完善制度。"家长义工工作队"由学校政教处组建，分管德育工作的副校长主管，联络处设在政教处。管理机构和制度均在探索中随着服务队的壮大、参与学校活动程度的加深逐步建立和健全。目前，家长义工工作队设队长1名、副队长6名，下面安排了联络小组长41名，具体负责工作队的日常工作。并且，根据家长义工工作队成员的个人情况及意愿，又建立了6个工作队：保安保洁队、爱心维修队、智慧阅读队、社会实践队、编外教师队和监督管理队。各队分别设负责人 2 名，由政教处的中层干部和家长代表组成。为了明确服务意愿及规范管理，学校为家长义工工作队确定了《誓词》，制定了《家长义工工作队章程》《家长义工管理及奖惩规定》等制度。坚持"自愿、规范、独立"的原则，家长义工的许多活动是他们自行组织，费用由他们自行 AA 制承担，基本上没有增加学校的负担。

3. 自愿参与，分层管理。家长参与义工共队建立在自愿的基础上，每学年开学第一周召开新生家长会时，学校政教处组织召开动员会，由家长根据自己的专业特长、兴趣爱好以及工作性质，在报名表上自愿选择参加服务队，会后学校政教处组织力量将所有自愿报名的家长信息录入电子文档，并分班级传送给家长义工。家长义工工作队队长根据家长义工所选服务项目进行分组管理，确定各分队负责人分管本组成员，具体组织实施工作计划。如学校某方面需要服务，政教处就直接与家长义工工作队队长联系，由他安排分队负责人选择合适的时间组织本队成员来校服务。这种进出机制灵活，参与方式机动，时间安排自由的管理方式，切合家长心理和时间所需，利于他们保持长久的热情参与学校活动，与孩子共同成长。

4. 利用网络，加强联系。学校设立了"家长义工 QQ 群和微信群"，校级的家长义工群中由所有的校领导、中层干部、班主任及每班三位家长组成。各年级、各义工队、各班级自觉组群，构筑了网状工作联系群，方便了家长与家长之间、家长与老师之间的交流，及时处理一些问题。当学校或家长义工工作队有什么重大活动时，一方面通过家长义工工作队队长安排工作，召集人员参加活动，另一方面把活动时间、地点、内容、联系方式、参与要求等相关信息发布到群里，方便家长及时了解情况，联系参加。

5. 树立典型，激发创先争优意识。学校建立了家长义工服务登记制，并及时做好服务表的填写。在召开家长会等重大活动时，都会对表现优秀的家长进行表彰，并且推选家长义工代表发言，让他们讲述自己的优秀事例，表达自己的心声，激发家长们参与工作队的热情。每学期在学校开展重大活动，我们在评选老师和优秀学生的同时，也会根据家长义工的奖励制度，结合家长义工的工作实际，表彰模范家长。优秀家长义工的评选活动起到了很好的典型引导作用，出现了很多捐书典型、社会实践典型等。我们把他们的典型事例和优秀事迹放在我们的校报、微信公众号里宣传。今年为搞好学校的体育节，五年级111班家长义工自愿每天早上带着学生去星火广场训练篮球。还有家长义工发现开幕式彩排时服装相同道具雷同，于是他们马上安排重新购置道具，还要求家长义工统一着装。五年来，由于有家长义务的默默付出，111班各项工作均属年级第一，而这个年级在他们班的带动下在全校最好。在今年家长义工的启动仪式上，我们让111班家长义工刘娟介绍经验，还赢得了在场所有家长的热烈掌声。这是莫大的荣誉，同时也让师生在潜移默化中感受到了助人为乐、积极向上的精神。

(二) 创新方式，提升素质，优化服务指导

家长义工来自各行各业，文化层次参差不齐，针对这种情况学校通过分阶段、分层次、分组、有计划、有组织地对家长进行培训，引导家长树立正确的教育观念，学会疏导孩子心理、辅导孩子作业等基本方法，掌握义工服务基本知识，明确服务职责、服务要求，提高服务质量。一是家长义工进行自我教育。如家长义工工作队长邓秋英等介绍服务经验和体会，家长王波作《尊重

孩子是家长成熟的标志》为主题的畅谈等，他们以自身经验引导更多家长掌握培育孩子的方法。二是，利用典型事例激励人。如105班学生家长黎春梅讲述自己在只有一间房、无工作的情况下，克服困难坚持抚养地震孤儿的事情，等等。这些感人事迹感召了更多家长树立为他人服务的意识，积极参与义工活动，长久地享受着这份荣耀。三是学校开展有针对性的培训。校长和班主任每期安排1—2次的家长培训，针对学校及班级情况，促进家长教育水平提高。如利用每学期期中考试后学校召开家长会之机，安排学校教育教学经验丰富的领导、家庭教育成功的家长以及有一定影响力的家教专家作为授课教师，对全体家长学员进行专题讲座，促进家长教育观念的转变。去年上学期，李校长进行了《家校合作，阅读"无穷"》的讲座，下学期又进行了《古代名人家教方略》的讲座。对于一年级新生入学，家长满怀期望，但教育方法往往适得其反对这一现状，我校每届新生入学第一周就召开一年级新生家长会。在家长会上，校长向家长介绍学校情况，让家长了解学校一系列规章、制度、要求，然后进行专题讲座，传授科学的育儿、家教经验，帮助家长陪伴孩子健康成长。特别是对我校制定的《三完小学生一日行规》要进行专门的解读。此外，学校每年还会邀请外地专家来我校讲学讲座，与学生和家长互动。《感恩教育》《怎样和孩子交往》及《怎样陪伴孩子阅读》等专题讲座在君泰大酒店举行了多场，家长们受益无限。四是开好交流会。学校有针对性地召开部分班主任及家长义工开好研讨会，会前定发言人、发言主题，并发放相关资料，在会上共同讨论，实现了学校教育工作和家长素质都能提升的双赢目标。让家长义工每次都能发现学校有新的变化，在理解的基础上加强与学校的合作。

(三) 搭建平台，开展活动，优化服务方式

一是学校和家长义工工作队采用学生喜闻乐见的形式，开展丰富多彩的社会实践活动。成功地举办了"小手拉大手，共创卫生城""六一亲子趣味活动""学生、家长防震减灾疏散演练""'变废为宝'亲子手工制作活动""六一义卖募捐""参观调查实践活动"等大型活动。这些活动开阔了学生视野，增长了学生见识，增强了义工的才干，密切了其他家长、义工与师生的情感，涌现了许多感人的人和事。如学校和家长义工工作队组织开展"大手拉小手，共创卫生城"活动，68名家长义工和学生踊跃参加。74岁的张龙杏爷爷发现垃圾夹不够，就从家里带了一双筷子捡垃圾。记者采访时，张爷爷动情地说："为城市文明创建出一份力，让孩子在活动中得到锻炼，跟孩子们一起做一些有意义的事很开心。"二是家长义工在这种宽松的管理条件下，为学校做了不少实事和好事。如保安保洁队，他们每天都有成员参与学校保安和文明礼仪督导工作，劝导学生佩戴好红领巾，不带零食进校，不随意扔垃圾等；协助学校搞好各项大型活动的安全保卫工作；参与学校整治周边环境，拒购"不良食品"活动，劝走校门前的小摊小贩；协助学校杜绝校门口机动车辆乱停乱摆等。他们也让其他家长了解孩子上学存在的安全隐患，增强对孩子的安全教育意识。一年级的孩子每天提前20分钟放学，校门口有很多家长，我们就要求一年级的家长义工轮流在校门口有序排队等候孩子出来。还有爱心维修队，他们协助老师把数百张班级牌、消防安全知识、行为规范三字经以及师生的书画等作品张贴在窗户、墙壁、消防栓等上面，将被大风吹落的班级牌装上锁环，帮学校维修旧桌椅板凳。曹生和、段良才等家长，有的放下自己的生意没做，有的请假给学校帮忙，事后仍兴高采烈地表示

为学校付出劳动和爱心再苦再累值得。智慧阅读队以创建书香校园，打造书香家庭，争做书香家长为工作方向。他们帮助学生到图书室借阅图书，在班级图书角整理图书、配合语文老师在家中开展亲子阅读，在群中带头分享读书心得、交流读书感受，周末和孩子一起逛书店买书等，做了很多。正如四年级121班外号"梁百度"的家长义工所说，孩子的阅读习惯不是光靠老师喊出来的，家长的陪伴也很重要。在他的引领下，四年级的很多家长都跟着他们家定期逛书店买书。据说他们班这个学期老师圈定的阅读书目有8本，到这个学期的家长会之前，已经有40多个孩子阅读了4本以上图书。社会实践队利用家长的资源，带领学生参观污水处理厂、开发区的新欣鞋厂、浆水的豪猪养殖场、城南万亩脐橙基地。他们把消防大队作为学生的安全教育基地，还与杨梅山的部队建立联谊关系。他们还资助了我们的留守儿童一些器材。助教队家长义工走进课堂，分享自己的专业知识。南京洞派出所的黄晓波所长是我校81班的家长，他结合自己的工作实际为我们各班学生义务讲解小学生自护自救意识和能力。编外管理队参与课堂活动和课堂评价，了解课改理念，与老师一同监考参与期中期末考试。这样既能亲身体会到老师工作的艰辛，增加对老师的理解，又能在提高教学质量方面助学校一臂之力。为了让家长和社会了解孩子在学校的学习情况，让家长真正融入孩子的成长学习中，多年来我们一直邀请学生家长全程参与监考，不管是期中还是期末考试我们都是这样做的。学校敢于"尝鲜"，请家长来当监考员，是学校开展师德师风建设的有效举措，是学校对孩子教育的关注和重视。这样做的目的就是让学校的办学行为自觉接受家长的监督。这既是学校多年来致力于开门办学、家校互动的生动体现，也是促进孩子从小做到诚信应考，阳光应考，进而加强学生的诚信教育的有力举措。同时它也可以起到敦促广大教师爱岗敬业、严谨治学，潜心从教的作用。评价是学校工作的重点，为了使评价更趋公正、合理，学校积极尝试评价的多元化。家长不仅参与学校教育，而且还参与学校师生评价。通过"家长满意率问卷调查"，全方位对教师的教育教学行为进行测评，并纳入师德量化。此项评价既推进了教师和家长的沟通，又对教师的师德建设起到了监督作用，为树立教师的良好形象开通了绿色通道。学校的收费是涉及民生的一件大事。从一开学，学校就要按上级文件开展有关收费工作。为了让家长了解情况，增加收费工作的透明度，我们都会安排家长代表代为做好此项工作。因为家长之间更容易沟通。家长是较之学校老师来说的第三方，可以对教师的行为起到监督作用，还增加了其他家长对老师和学校的信任。连续几年的收费工作，家长都没有半点意见，真正达到了事半功倍的效果。三是共同利用家长会等多种渠道搭建沟通平台。家长会是展示交流孩子在校学习和生活的一条重要途径。以往每次家长会，都是班主任讲、任课教师讲，老师乏味，家长打瞌睡。针对这一现状，我们积极想办法，要求班主任与家长义工交流，如何开好每期一次家长会。家长义工合理提出，可以合理使用信息技术手段，制作课件，以课件的形式呈现，将孩子们的学习、生活方面的情况展示给家长看，图文并茂，形象直观。这项举措不但推动了三完小教师教学理念的更新，提高了教师信息技术应用能力，加快了学校信息化进程，还让家长更直观了解学生在校学习、生活情况，促进了家校联系，实现了"家校共育"。"我孩子以前在乡下读书，从没有开过这样的家长会，二完小的老师素质真高，三完小的家长会开的真好。"这是四年级学生李佳的爸爸开完家长会后发出的感慨。今年上期，我们还在微信公众平台开展了班级ppt课件的评比活动，这项活动的开展无疑是家长关心支持班级学校工作的具体体现，每个班的家长为了支持班级的工作，使出浑身解数，发动朋友圈去投票，各自为班级建设出一份力。

三、建立家长义工工作队的效果

（一）丰富了学校教育资源，优化了教风和学风

推行家长志愿服务，学校可利用家长的个人优势，更充分高效地开发校外教育资源，使某些社会资源为学校免费或优惠使用。如我校擅长古筝的家长进入学校义务为我们每年四年级的课外兴趣小组器乐班做教练，做医生的家长为学生开设生理卫生课、健康饮食课，做交警的家长为学生开设交通安全课，在教育系统工作的家长为其他家长开设家庭教育讲座等，不仅具有极高的专业性，而且有很好的实效性。又如我校举行大型活动时，许多家长义工自愿担任解说、摄影和摄像工作，家里种脐橙的自愿提供场地给学生做户外实践基地，在开发区工作的家长自愿组织学生参观生产流水线；开展班级文化建设时，家长们主动提供各种材料，协助老师班级布置，为孩子们创造了良好的学习环境。家长义工们积极向老师看齐，并且以自愿服务的实际行动感动着老师，老师们的工作作风更严谨细致、兢兢业业了。他们服从安排，与同事团结友爱，对学生亲切和蔼，参与集体活动积极，无形中优化了教风。同时，家长义工无私奉献的精神，为孩子们树立了积极向上的榜样，激励着孩子向他们看齐，助人为乐，奋发有为。孩子们的学习劲头更足了，班级纪律更好了，行为更规范了，潜移默化中优化了学风。

（二）为孩子树立了榜样，形成了好的家风

家长义工长期到学校参与活动，志愿服务，学校积极向上、

阳光活泼、温文尔雅、敬业爱岗、奋发进取的师生精神，让他们耳濡目染，深受启发和感动，产生心灵的震撼。讲礼仪、讲诚信、勤奋专一，这些平时教育孩子要做到的，家长自己必须首先做到，言传身教就在无声无形之中。再加上，我们的家长因经常到学校来，目之所及，耳之所闻全是关于教育的话题、全是教育问题的探讨，通过深入的接触教育，许多家长幡然醒悟，原来他们的教育方法是多么的粗浅、简单，怪不得孩子不但不听话，还故意与父母作对。症结找到了，方法掌握了，思想境界提高了，父母与子女间的矛盾消除了，家庭和谐了，优良的家风也就形成了。在家长交流会上，一位家长坦然告诉大家："起初我参加家长义工服务没有目的，久而久之却发现在学校学到了不少东西，自己的处事态度和方法都变了。以前孩子做错事我是粗暴地骂他，现在我是耐心地教导他；以前父母在我孩子面前责怪我的时候，我会顶嘴，现在不管父母讲得对不对，我会虚心接受父母的建议。这在无形中又促进了我和孩子的关系。"

(三) 教风、学风和家风和谐共进，优化了校风

家长义工参与学校工作，形成了与教师一致的教育意见，真正实现了学校教育与家庭教育的和谐统一。学校许多工作，有了家长义工的参与，降低了管理难度，一些原来不方便说、不好处理、不便推行的事情都释然而解。好的教风和学风不仅是优良校风的体现，还是促进校风优化的新血液。家长义工的参与使学校安全管理明显好转，安全责任及压力也相对减轻，学校环境、卫生好了，工作更周到、更细致了。良好家风的形成，家长的素质高了，反过来也约束了家长，呈现出家校和谐发展的良好局面。

(四) 赢得了社会效应，营造了良好育人氛围

我校家长志愿者活动成效显著，富有特色，并两次在郴州市

木铎心声篇

举办的家长学校工作论坛上交流经验。与会领导一致肯定我校的做法有助于提高家长素质，促进孩子健康成长，打造和谐校园，经验值得推广。

  多年来，我们在实践中探索，在探索中发展，在发展中创新，并取得了一定的效果。我们的体会是：盘活了家长资源，赢得了家长理解，获取了家长支持，收获了家长赞誉，创新了管理模式，形成了家校和谐。在潜移默化中，在相互影响下让学生改变了学风，让老师改变了教风，最终使学校各项工作井然有序地开展，形成了积极、健康、明礼、好学的校风。但我们知道，我们所做的工作还远远不够。为适应教育发展的新常态，我们将借助执行《加强家庭教育工作的指导意见》这股强劲的东风，进一步探索家校合作的新模式、新途径、新方法，用心浇灌，静待花开。

2016 年 11 月

"童心飞扬　快乐成长"

——庆六一儿童节

尊敬的家长朋友们、老师们、亲爱的同学们：

大家好！

在2018年"六一"国际儿童节到来之际，我校全体师生怀着无比喜悦的心情，在这里隆重地举行宜章县三完小第十八届校园文化艺术节暨"童心飞扬　快乐成长"庆六一时装环保表演秀活动。首先，我代表全体教师，提前祝贺孩子们节日快乐！向今天到会的家长朋友们表示热烈的欢迎和诚挚的感谢，也祝你们节日快乐！我们三完小这群孩子王节日快乐！

今天，我首先要向大家报告一个喜讯——我校被授予"郴州市教育科学研究优秀基地学校"，我们是宜章县唯一获得这个荣誉的学校。这就是今年的艺术节和"六一"别具一格的重要原因。

昨天四、五年级的手工作品展示秀可谓品种繁多、创意无限，一件件作品摆满了各班的展台，看得我们眼花缭乱，目不暇接。这些作品都是同学们自己想自己做自己画的。今天上午要举行的是"环保时装表演秀"。看台下环保又漂亮的时装就知道同学们和老师、父母一起下的功夫。

不论是手工作品展还是环保时装秀，都令我们看到了三完小孩子的超强想象能力和动手能力。同学们，你们就是最好的自己，也是三完小的骄傲，我为你们而感到自豪！

看台前幕后我们知道，这次活动离不开老师的指导，家长的支持，尤其是家长义工们，谢谢你们不辞劳苦，在学校、家庭，甚至单位之间来回奔波，再次感谢你们！

同学们，你们是祖国的未来，祖国的希望，你们的身上寄托着我们中华民族的未来。习近平总书记提出的"中国梦"的实现，寄托在你们身上。少年强则国强，你们是幸运的一代，更是肩负实现"中华民族伟大复兴"重任的一代，为此我向同学们提出以下几点希望：

一、勤动手，勤创造。我国著名教育家陶行知先生提出了"手脑并用"的理论。多动手能丰富你们的想象力、提升你们的创造力。我们希望孩子们多动手，为未来的学习、工作和生活打下坚实基础。

二、惜时间，发愤学。"黑发不知勤学早，白首方悔读书迟。"当前，学习是你们的第一位任务，也是现代社会每一个公民必备的条件。希望你们养成良好的生活和学习习惯，发愤读书，立志成才，成长为新时代所需要的人才。

三、健身心，磨意志。当代少年儿童不应该是温室里的花朵，而要做敢于搏击风雨的雄鹰。因此，我们要积极参加阳光体育运动，坚持锻炼，不断增强体质，磨炼意志，以适应完成学习任务和将来担负繁重工作的要求。

最后，祝同学们学习快乐，天天进步！祝老师们身体健康，工作愉快！祝家长朋友们阖家幸福，万事如意！也预祝今天的活动取得圆满成功！谢谢大家！

2018 年 6 月

打造家校合作共同体

——2018年下期一年级新生家长会的讲话

尊敬的各位家长，下午好！

今天我们选择李玉刚的歌《因为刚好遇见你》欢迎各位家长的到来，是因为里面有几句歌词很应景——"因为我刚好遇见你，留下足迹才美丽，……如果再相遇，我想我会记得你……"我们今天的相遇不也正如歌词中所唱的是一次美丽的遇见吗？昨天不一定我们相识，但今天我们却为了开启孩子幸福而有意义的小学生涯，为了培养他们养成良好的学习习惯和行为习惯，为了培养他们热爱生活有广泛的兴趣爱好，坐在一起，倾听畅谈。我们的相遇，是为孩子幸福人生奠基，为托起明天的太阳一起努力。若干年以后，当你和你的孩子们谈论起学习生涯的开端时，也许会记得我们的相遇、记得我们的努力与付出。那么我会非常欣慰我们今天的相遇。

今天在座的有348位家长，就意味着三完小这个大家庭多了348名一年级的新生。对于各位家长朋友的加入，我们表示诚挚而热烈地欢迎，也对家长朋友们对我们三完小的期待和信心表示衷心的感谢。

每年9月初，我们都要召开一年级新生家长会。每当家长们走进校园、通过操场、拾级而上进入多媒体室后都会有不少感慨。因为其中有部分家长的孩子早已在这儿就读，或者自己也曾在三完小就读，他们都会惊喜地发现，三完小又变美了。三完小的变化源于各级领导对教育的重视和厚爱，让学校远景规划落地，更使学校文化得以彰显。今年6月，筹建一年多的校史馆竣工开放。校史馆里展示着学校的成长足迹、师生风采，陈列着学校多年来所取得的荣誉，还有从三完小起飞的出类拔萃的学子。比如今年考取清华的乐敏同学、去年考取清华的李逸轩同学，还有中科院在读研究生和毕业生中的一些人都曾是三完小的学生。他们的事迹将激励着无数孩子放飞希望，追逐梦想，开启幸福而有意义的人生旅程。

为了打造具有三完小鲜明特色的校园文化，我们重塑了校风校训："立德立行，成就自我。""做最好的自我"是我们办学目标。校训与我们的校名有着密切的关系，我们学校创办于1963年，全称是宜章县第三完全小学，在城区的小学办校的历史排名第三。校名中的"三"是顺序排在第三的意思，前面有一完小二完小，而后面也有四完小五完小和六完小。但是在古代这个三就有深刻的含义。古代圣贤孔子说过"君子有三立，立德立行立言"。我们的校训就缘于此。学校办学目标就是遵循教育规律，符合素质教育要求，实现培养人塑造人的目的。自古以来，学校就是培养人才的地方，学生既要有德也要有行，有德有行才能著书立说，成为后人学习的楷模。我们奉行培养出来的学生既要有良好的道德品质和优秀的行为习惯，也要成为品德高尚和实践行动能手。所以我们的办学目标就是"做最好的自我"。目标和校训浑然一体。我们不只是要培养孩子做最好的自我，我们更希望老师和家长也成为最好的自我。家长们加入我们这个团队中，让我们老师和学生更有信心成为最优秀的自我。

通过多年来的努力，三完小的校园文化在逐渐彰显。如今，学校的每一个角落、每面墙壁、每一颗小草都蕴含着文化，时时刻刻提醒着孩子、老师、家长要成为最优秀的自我。今天各位还听到了一首欢快向上的歌，那就是我们的校歌，积极向上、充满正能量。在三完小，孩子不但要会唱国歌、少年先锋队队歌，也要会唱校歌，并且付诸行动。

为了使目标落地，我们要求我们的老师和家长形成家校合作共同体。因为培养孩子，家庭是第一主阵地，家长是第一任老师。学校教育是否成功，老师的理念和观点是否落地，关键在于家长的配合程度。

这几年中，我们的家长承前启后，对我们学校的工作非常理解并给予大力支持。透过学校的微信公众号的历史消息，各位可以清楚明地了解到：这些年来，三完小这些优秀的家长群体为我们三完小孩子的安全行为习惯、确保学生在学校学习生活有序、确保学校各项管理制度各项活动开展有序付出了怎样的努力。就拿111班的家长来说吧。111班是今年6月份毕业的一个班级，也是我担任校长时所招到的第一波孩子中的其中一个班级。六年来，从这些家长身上我看到了什么叫理解、什么叫支持。学校的运动会前，家长自发组织孩子训练；运动会时，家长统一着装为孩子们呐喊助威、搞好服务；运动会后家长们对比赛获奖同学还要自发购买奖品奖励孩子。在孩子高兴同时，老师感觉更多的是压力，他们和家长们一起样样争第一。六年来我们家校合作非常成功，这就是一个强强联合的家校合作共同体。

儿童节是孩子们喜欢的节日，我们学校以孩子为中心，总想给孩子们留住宝贵的童年，留住美好的回忆。每年儿童节活动的主题都不一样，力求做到六年六个样——跳蚤市场、歌唱比赛、环保时装秀表演、歌舞表演等。只要我们想到的，家长就会配合做到，我们的这个共同体配合默契，让孩子们在三完小学有所成、学有所乐。

要打造家校共同体，一要家长陪伴。陪伴是最长情的告白，陪伴不是指导，陪伴不是干预，一定要把握尺度。二要维护，就是要维护老师在学生的心目中的形象。特别是在低年级学生的心目中，老师是神圣的，必须听从老师的话。所以家长不要轻易在孩子面前诋毁老师。三要表扬。表扬是成功的重要法宝，家长既要表扬孩子，更要表扬老师。当孩子回家以后满脸高兴时、当孩子吃饭不挑食时、当孩子自觉写完作业又自己检查时、当孩子看增长知识的电视节目时、当孩子自觉拒绝手机时……都要表扬。还有我们的老师，家长要教育孩子懂得感激教师的无私奉献、默默付出。而当老师得到家长的表扬时，更会用百倍万倍的辛勤劳动对孩子。四要沟通。沟通是架起家校合作的有益桥梁。我们希望老师、学校做的好的，请您和他人沟通，这就是传播正能量。我们更希望老师和学校做的不好的，请您直接和老师和学校沟通，这样便于改进。五要监督。对于老师教学方面的工作、对于学校管理中的工作，还有家长对待老师和学校的行为，我们都希望大家擦亮眼睛，积极监督，从而使学校的工作、教师的行为、家长的行为在阳光下运行。

教育是靠大家努力，学校靠家长支持，唯有家长和老师形成合力，打造家校合作共同体，才能使我们的工作更出色，孩子更自信，明天更辉煌。

2018 年 9 月

让梦想从这里起飞

——2018年秋季开学典礼致辞

亲爱的老师们，可爱的同学们：

早上好！

带着对暑假生活的美好回忆，带着对新学期新生活的美好向往，我们又回到了熟悉的校园，开启新的征程。

本学期，我们学校从全县各乡镇选调了八名优秀的教师，还从各大师范院校选了六位实习生来我校实习，同时我们还迎来了一年级348名小朋友。对他们的到来，我们表示热烈的欢迎，欢迎他们加入三完小的这一个大集体，成为我们中的一分子。

在过去的这个暑假里，有两个名字刷爆了咱们宜章人的朋友圈。一个名字是李天宇，他在今年的高考中以698的高分被清华大学录取。另一个名字是江梦南。1992年，江梦南出生在莽山的一个瑶族家庭。在她3个月大时，因耳毒性药物导致极重度神经性耳聋，半岁后，就一直生活在无声的世界里。但江梦南没有放弃自己。她努力学习发音和唇语，2011年考入吉林大学，之后完成了本科、硕士研究生阶段的全部课程。今年，她通过了清华大学生命科学学院的博士研究生面试。他们都是我们宜章人的骄傲，是孩子们学习的好榜样。

有同学会说他们离我们很远，我不够熟悉。那我就说一个离我们近的大家都熟悉的优秀学子。他们曾经在我们三完小读书，后又以优异的成绩考入清华大学。他们的照片和资料就在校史馆里陈列着。他们的名字就是乐敏、李逸轩。乐敏是71班学生，李逸轩是62班学生，教过这两个孩子的老师都说，这两个孩子没有特异功能，更不是天才，有的是认真学习的态度，有的是良好的学习和行为习惯，有的是勤奋和努力。他们从三完小起飞，他们付出了比别人更多的汗水，这就是我们学习的榜样。

同学们，走进校园，就意味着要面对重复的课堂、繁多的作业；同学们，走进校园，就意味着要面对艰辛的锻炼、乏味的练习。这是每个人都要经历的过程，并非为你一个人准备的磨难。多读书读好书，多锻炼锻炼多，付出就会有收获，耕耘就会有成就。古语云："宝剑锋从磨砺出，梅花香自苦寒来"，今天的辛勤付出就是为明天的幸福人生做准备的。

今天你以在三完小学习为荣，我们更希望若干年以后三完小以你为荣。著名作家龙应台在给儿子安德烈的一封信中这样写道："我要求你读书用功，不是因为我要你跟别人比成绩，而是因为，我希望你将来会拥有更多选择的权利，选择有意义、有时间的工作，而不是被迫谋生。"李嘉诚说："读书虽然不能给我们带来更多的财富，但它可以给我们带来更多机会。"

请同学们看教学楼墙上挂着的八个大字，这就是我们三完小人的校训"立德立行，成就自我"。它要求我们有良好的道德品质，还要有在德智体美各方面不断的实践行动，从而成就自我。综合楼楼上挂着的六个大字就是我们的目标"做最好的自我"。

我们希望这个目标挂在墙上、记在心里、落实在行动上。

　　同学们，老师希望多年以后的你们能凭着自己的本领选择想去的学校，选择自己想过的生活，选择为国家做更大的贡献。愿你们的人生能凭借自己的努力砥砺前行！愿你们的梦想都从这里起飞！

2018 年 9 月

唱响新春，追梦 2019！

——2019 年春季开学典礼致辞

老师们、同学们：

上午好！

迎着料峭春风，我们又回到了美丽的校园，开始求知生涯中的又一段旅程。元宵节刚过，年味还没散去。我代表学校向全体老师和同学送上一句迟到的祝福：祝大家新春快乐！

春节期间，一个个快闪视频刷爆了朋友圈。奥运冠军、交响乐团、演艺明星，还有无数的普通人，齐聚火车站、广场、公园，上千人齐唱《歌唱祖国》《我的中国心》《我爱你，中国》等热血沸腾的歌曲，表达对祖国的热爱，展现与祖国同呼吸共命运的情怀，和对实现"中国梦"的使命担当。

首先，要做"爱学习"的追梦人！同学们要在学习中善于取人之长，补己之短，尽力改掉一些不良习惯，珍惜课堂上的每寸光阴，发扬刻苦钻研精神，与同伴们互相帮助，共同进步。知之者，不如好之者；好之者，不如乐之者。希望每一位同学，都成为好学乐学者。

其次，要做"讲文明"的追梦人！今年，我们学校要创建湖南省安全文明校园，希望同学们争做文明向上的好学生，把尊师爱校、团结同学真正落实到行动中。在安全方面，同学们要牢固树立安全意识，听从老师的教导，上下楼梯、课间活动及上放学时，要有规则意识，自觉遵守秩序，人人争做"安全小卫士"。

再次，我们要成为"高素养"的追梦人。努力的程度，决定你跑得有多快；而素养的高低，则决定了你能走多远。今年是新中国成立70周年，是五四"新文化运动"100周年。学校将举办丰富多彩的活动，培养和践行社会主义核心价值观。在活动中，我们要树立理想信念，厚植爱国情怀，培育报国志向；在活动中，我们要释放个性，展现潜能，彰显特长。希望全体师生要一如既往地积极主动参加，不放过每一次锻炼自己的机会，人人争做"最好的自己"。

最后，还要做"知感恩"的追梦人。每位同学都要感谢父母的养育之恩，感恩教师的教育关怀，感恩同学的关心合作，感恩社会的美好和谐，感恩祖国的伟大强盛。要积极参加公益活动，"赠人玫瑰，手留余香"，奉献社会，服务他人，快乐自己，人人争做"爱心小天使"。

还有一段话要送给六年级的同学：在小学阶段的最后一学期，希望你们珍惜时光，刻苦学习；希望你们心怀感恩，回报他人；希望你们争做优秀的小学毕业生，让母校留下最美好的记忆。

千里之行，始于足下。新学期的号角已经吹响。我们都在努力奔跑，我们都是追梦人。我衷心地祝愿：在2019年里，每一个三完小人梦想成真，收获幸福！愿我们的学校再创佳绩！

2019年2月

做命运的主人，成就最好的自我

——宜章三完小范向梅书记在2019年秋开学典礼致辞

老师们，同学们：

早上好！

9月，金风送爽，鸟雀欢鸣。我们惜别五彩斑斓的暑假生活，又迎来了一个崭新的学年、崭新的学期。今天，我们欢聚一堂，隆重举行2019年下学期开学典礼。在此，我谨代表学校，感谢教育局党组副书记、副局长吴志强同志到我校现场指导。向老师们、同学们致以新学期最好的祝福。向一年级的新同学和新加入我们学校的领导老师们表示热烈欢迎。向所有致力于神圣教育事业的老师们表示衷心的感谢！

过去的这个暑假并不平淡。6月，从三完小毕业的72班胡致铭和李林畅

在开学典礼上致辞

同学以优异的成绩考入了北大和清华。从踏入小学到考上大学，十年寒窗苦读，他们用奋力拼搏铺就了攀上知识的高峰大路，用努力书写最好的自我，用行动践行志存高远、远大理想。

　　7月，一部电影火遍全国，相信很多孩子在爸爸妈妈的陪同下去影院看过——这部电影就是《哪吒之魔童转世》。电影里最火的是哪吒的一句台词——我命由我不由天。小哪吒不甘心生而为魔的命运，不畏惧大家的误解，最终用自己的能力保护了陈塘关，成了真正的英雄，成就了最好的自我。无独有偶，在9月1日的《开学第一课》中，有一位也像哪吒一样与命运抗争的老人——夏伯渝。1975年，夏伯渝在一次攀登珠穆朗玛峰的过程中，为保护队友失去了双腿。但他并没有从此消沉，更没有从此放弃自己的梦想。2018年5月，这位69岁的老人依靠假肢登上了海拔8848米的世界之巅，成了中国第一位成功登顶珠峰的无腿登山者。他们的故事告诉我们，我们要用实力证明我们是新时代的哪吒、新时代的攀登者，我们要做最好的自己！

　　今年是新中国成立70周年，所以今天的开学典礼与众不同，正是因为这与众不同，我要向每一个孩子提出几点希望：

　　第一要爱国。没有方志敏，没有邓中夏、没有朱光亚、没有钱学森……没有这无数为了新中国前赴后继的志人仁人，就不会有我们现在太平盛世。现在，无论我们走到哪——身后都有一个强大的祖国。爱国，不用豪言壮语，早起看一次升旗是爱国，真诚唱一次国歌是爱国，完整读一本历史书是爱国，走到哪里都遵守规则也是爱国。同学们，记住，热爱祖国就是从身边的小事做起。

　　第二要堂堂正正做人。相信同学们都背得出《弟子规》中的大部分内容："弟子规，圣人训。首孝悌，次谨信。泛爱众，而亲仁。"为什么要学《弟子规》？因为这本书讲的就是最基本的做人的言行规范。今天我们诵读《弟子规》，不仅仅是要铭记中华文化传统，还想告诉大家：做学问要先学会做人，要做堂堂正正的人。

  第三要认认真真学习。希望每一个孩子在新学期中坚决发扬刻苦钻研的精神，问老师、问同学，取人之长，补己之短。本学期，学校还将举办丰富多彩的活动，希望各部门、各班级尽早谋划、精心打造，让师生们在活动中充满朝气，展现魅力，在比赛中刷新成绩。我相信到那时同学们只要有展示就会有奇迹。

  老师们、同学们，松弛的神经又该绷紧了，床头的闹钟又将激起清晨的奏鸣！我们要向课堂40分钟要质量，要鼓足初生牛犊不怕虎拼命三郎般的勇气，自加压力，敢于争先，开拓创新，与时俱进，向新中国成立70周年献上一份厚重的贺礼，做命运的主人，成就最好的自我。

  最后，祝愿各位领导心想事成，祝愿我们的孩子们开心幸福，祝愿我们的老师们身体健康！更要祝愿我们学校蒸蒸日上，祝愿我们的国家繁荣富强。

  谢谢大家！

2019年9月

积极面对考试　充实寒假生活

时间过得真快，不知不觉就到了这个学期的最后一周。在最后这周里，我们再复习再加油。首先给大家分享一个故事。昨天我看到我们学校黄梆宜老师在微信朋友圈发的一则消息，我很感动，她利用周末时间花了5个小时把本班所有学生的试卷改完了。真可谓为了孩子们学习而不辞辛劳。我们很多老师都特别的

国旗下讲话

敬业，为了给孩子们查漏补缺利用了很多自己的休息时间。无独有偶，昨天我在一家店购物时发现一个孩子趴在桌子上写试卷，中午一点多了还没有吃中饭。他认真的样子，我想就是我们老师工作时的样子。后来一问就是我们三完小139班的学生。我很高兴也很感动，有这样敬业的老师和这样认真的学生，那我们的期末考试的成绩何愁不好呢？这一个星期还有三天的时间复习，就即将举行期末监测，而五、六年级是全市的统考，那么对于这一次考试，大家用怎样的态度来对待呢？我想抓住这三天的时间做最后的冲刺是必须的。积极面对考试，充实寒假生活，有这么几个要求跟大家说一说。第一，考前复习要做好。在考试之前，老师都会进行系统的复习。所谓"温故而知新"，作为一名优秀的学生，一定要听清楚老师讲的重点和难点。该反思的就要反思，不能学了之后又是出现一团糨糊。我听过很多老师埋怨，这道题目讲了那么多次有的学生还是搞不清楚。在我们的学科学习中，语文、数学、英语、品德与法治、科学，5个学科中有很多是需要我们背诵、记忆、分析、综合的。这些知识点就是我们学习的基础。有很多人都打折扣，对于该记该背的读一遍两遍，对于要区分清楚的随便应付，不认真，很马虎，甚至有同学抱着侥幸心理，结果都是搬起石头砸了自己的脚。第二，考试时积极对待，考出好成绩。有些同学害怕考不好，因此出现非常焦虑的情况，严重影响考场发挥。考试时要认真审题，看懂看清题目要表达的意思，然后再做题。做完后要认真多次检查，不能考完后不检查，要想考高分，检查就得仔细认真。第三，考完后要听从学校的安排。今年受疫情的影响，考试结束的时间定在15日，但是放假的时间是23日，我们还要安排上一周的课。那同学们这一周干什么好呢？我想就是要认真总结考试和学习情况，发现好的方面和不足的方面，特别是对于没有学好的要勇敢面对自己的短板。拟订好寒假复习计划。通过一个学期的学习，自己在学习生活和课外阅读方面有什么打算，可以美美地打算打算。最后，预祝同学们践行三完小的目标"做最好的自我"，在期末监测时考出优异的成绩，报答辛勤耕耘的老师和默默在幕后工作的所有家长。

2021 年 1 月

"六个要"促使行为规范常记我心

今天，国旗下讲话的题目是《"六个要"促使行为规范常记我心》。

首先，我想问问同学们：你刚才大声唱了国歌吗？你严肃而认真地向国旗敬礼了吗？《小学生日常行为规范》第一条是这样的，尊敬国旗、国徽，会唱国歌，升降国旗、奏唱国歌时肃立、脱帽、行注目礼，少先队员行队礼。

《小学生日常行为规范》共 20 条，它是小学生的行动指南和小学生的行为准则，对于我们养成良好的行为习惯至关重要。俗话说："没有规矩，不成方圆。"本学期第一周刚刚过去，良好的开头是成功的一半，希望今天下午的班队活动课各班组织学习《小学生日常行为规范》。

几点具体要求还是点一下：

1. 进校要"形象"：衣着整洁大方，向接送的家长、校门口的老师，有礼貌地鞠躬问候、安静走进各自教室。

2. 进班要"自理"：整理书包、安静地自由阅读、晨扫及时上交作业等。

3. 集会要"精神"：听到准备音乐，迅速整队，精神饱满、队伍整齐地进入操场指定位置，升旗仪式认真倾听、规范敬礼、礼貌鼓掌，做操时动作规范有力，整齐划一。

4. 课堂要"专注"：上课要做到专心听讲，认真思考，不随意插嘴，积极举手发言。回答问题站姿要规范（两手放两侧，不撑放桌面），态度自信大方，声音响亮。离开教室前必须关闭教室内灯、电风扇、投影仪、屏幕等电器设备，课桌桌面上不留一物，将椅子统一塞进课桌下方。

5. 课间要"安全"：下课后，快速做好下节课的课前准备，文明休息、文明喝水、文明如厕，教室内、走廊上不奔跑、不打闹、不开展不安全的体育健身活动。

6. 放学要"准时"：将语数英等相关需要带回家的物品快速地放进书包，整理干净自己的课桌椅（课桌上面、桌肚内、桌椅下方地面无杂物、纸屑垃圾），桌椅对齐，椅子塞进课桌下方。

在老师的指挥下，安静有序地排队。在老师带领下离开学校。队伍行进途中，见到老师要有礼貌地道别。到校门外指定放学点等候家长，不擅自离开。

做一个讲文明，讲礼貌，遵守各项规则的人，不仅是学校、社会对我们的要求，也是我们作为一个人最基本的道德要求。我们应当把日常行为规范时刻放在心中，把它作为约束自己行为的准则，要有自觉遵守准则的意识。做一个有良好行为习惯和美丽品德的人，让三完小因为我们而骄傲，让我们的校园处处开满文明之花！

2019 年 9 月

成立家长义工队，助力学校德育工作

2015年《教育部关于加强家庭教育工作的指导意见》中指出要"进一步明确家长在家庭教育中的主体责任，充分发挥学校在家庭教育中的重要作用，加快形成家庭教育社会支持网络，推动家庭、学校、社会密切配合，共同培养德智体美劳全面发展的社会主义建设者和接班人"。

近年来，我校在原来家委会的基础上，成立了家长义工服务队，让家长义工参与学校大型活动、学校安全日常管理、学生实践活动、家长培训等工作，直接拉近了家长和学校的距离，架起了家校沟通的桥梁，助力学校的学生德育工作。取得一些经验，也得到了家长的好评。

一、合理调动家长资源，丰富学校教育元素

在以往的家长工作中，我们了解到有许多家长有参与学校工作的愿望，同时，家长来自各行各业，有很多的教育资源。因此，学校审时度势，认为学校一定要成立一只义工队伍，协助学校工作。

1. 成立家长义工组织。

2016年由政教处和家委会组织，在家长们自愿报名的基础上，每班推选3到5名家长参加了家长义工队。10月19日，我们举行了主题为"做好孩子的合作者、服务者、陪伴者和引导者"家长义工队启动仪式，有 123 名义工参加。自此，我们有了家长义工队的章程，明确了家长义工的职责和分工，向家长颁发了聘书，建立了 QQ、微信群。家长义工们工作热情高涨。

2. 家长义工参与学校日常安全管理工作。

家长义工成立的第二天就积极开展工作。他们对学校上学时段进行安全值守，放学时间组织学生放学路队，护送学生过马路。义工们分年级和班级排班，一至六年级每个年级排一周，年级中每个班排一天。从此，无论刮风下雨都有我们义工的身影。这样，每天带着义工帽的家长义工们就成了学校门口一道亮丽的风景。

3. 参与学校的大型活动。

学校所有的大型活动在拿出方案后，立刻就会把方案发在义工微信群，这样各班级家长义工就可以主动与班主任联系参与相关岗位。比如，学校的艺术节活动，家长义工会主动地为本班出谋划策，排练班级节目，并做好安全以及现场表演时组织衔接等工作。自从有了家长义工的参与，活动的质量就高了。

二、真诚听取家长意见，开放学校教育理念

1. 学校领导每年会召开家长义工代表会议，听取家长义工活动开展情况，工作中遇到的困难，以及对学校有哪些建议。学校敞开胸怀，用宽容的态度接纳家长义工的意见，同时家长义工也是大胆表达，直言不讳学校工作中的一些不足之处。比如，有放学的路队有时老师没有护送过马路的问题、有老师和家长沟通时态度不够好的问题、有些桌椅脚移动时与地板发生摩擦发出刺耳的声音影响学习的问题、有应该让有职业特点的家长给学生讲故事的意见，等等。

我校对于家长的这些意见逐一答复后，积极改进工作。有的家长义工在网上购买了桌椅的皮垫，并主动来学校进行装皮垫工作，使学生有了安静的学习环境。会后校长召开行政会议，对家长的意见逐一落实到位。

2. 家庭与学校协同教育使德育活动更有意义。比如我们策划的校外德育课堂和学雷锋社会实践活动，都是由学校大队部拟订方案，由家长义工们参与实施。五年级"寻访宜章好人，践行好人精神"的校外德育课堂，大队部、家长和孩子一起走出校门，去发现、聆听身边好人的故事，让学校教育和家庭教育同频共振。邓旭东家长感言："这种德育活动要多搞，我们家以后也要向这些好人学习，多做好人好事。"三、四年级的"家庭联谊活动"社会实践活动，自己设计实践项目，有的植树、有的参观红色训练基地、有的参观污水处理厂、有的参观风力发电站、有的入社区搞卫生、有的帮助困难家庭，等等，充分调动家长的智慧，学生和家长积极参与，热情高涨。学校给学生、家长、老师交流的平台，真正让学生、老师、家长和谐共处，共同成长。

三、创新家长学校培训，优化课堂质量

1. 线上培训和线下培训相结合，集中培训和分层培训相结合。比如，由家长义工将一些好的家庭教育资源在班级家长群中分享，并与家长们一起学习交流。由学校组织部分家长代表参与专家培训，再由参与培训的这部分家长组织班级家长培训，定期召开家长经验交流会，分享各自的培养孩子的理念，共同学习共同提高。

2. 充分发挥班主任的创新能力，鼓励班级开展各类特色家校活动，构建重视家校合作的班级文化。比如，让家长进课堂，邀请不同职业的家长（警察、军人、环卫工人、医生等）来校对他们的职业特点进行讲述，提高学生的学习兴趣和认知能力。还有同读一本书活动，班主任指导家长们有效的读书方法：在特殊的日子里给孩子送书。具体包括：当孩子在活动中获奖时，奖励他们一本书，让成功与书相伴；安排孩子读一本书，并要求写一篇读后感或讲故事梗概；定期带孩子逛书店，让他们挑选自己感兴趣的书；在每天的"亲子共读"时间里，和孩子们"共读、共评"一本书。

家庭教育是专业的，可以提升我们育人素养。

家庭教育是朴素的，可以服务于每一位家长。

家庭教育是实用的，可以解决身边具体问题。

家庭教育是科学的，可以改变我们生存现状。

我校通过家长义工队的实践，尝到了甜头，取得了突破，现在我学校每位家长都是义工。家校联手的教育方式，使我校学生在各项比赛中脱颖而出，获得各项殊荣。家长助力学校德育工作的这条路是漫长的，我们将一如既往，在学校德育工作的这条路上不断探索，奋力前行。

2018 年 9 月

学校"小"就是名校

秋高气爽，金桂飘香，静谧的校园透着和谐安静。今天是星期六，总务处的杨主任并没有休息，而是请了朋友用航拍机来拍摄美丽的校园。当杨主任把拍摄完毕的视频和图片发到学校教师群中时，引发了老师们的热议与赞美。"好美""好漂亮""比以前更美了"……发自老师内心的赞美声此起彼伏。有些老师赶紧将图片转发至朋友圈，并配以优美言辞引来无数点赞。举动虽小，但图文之间传递着老师们的爱校之情，家长们的敬佩之感。

近几年来，各级政府均加大了对教育的投入。无论是新建校舍，还是改造老校园，都体现了各级政府关心教育的情怀。我们学校是典型的城区中心学校，是无任何扩容校园机会的小学校。在学校建设的远景规划中，我们对校园的建设唯一能做的就是改造提质。这几年，我们利用一切机会提升学校的办学品质，打了一系列组合拳。

我们制订申报计划，向上级争取资金高达六百万：改造两栋教学楼六十万，改造幼儿园五十万，改造操场一百八十万，改造多媒体室六十万，改造实验室仪器室九十万，改造图书室、音乐室、美术室和电脑室一百二十万，还有改造校史馆和体育室将近四十万。粗略算一算，我们学校近六年投入不可谓不巨大。

去年，我在朋友圈晒我们"三香"——书香、花香、科技香的校园，引来关心关注我的朋友、亲人和领导纷纷点赞。当时我心里忍不住有点小激动。这几年校园文化氛围的打造真的凝聚了很多人的心血。想法虽然小，实施起来却让那么多的老师大费周折，让工作人员做了大量的工作。记得我在重庆学习期间，郑教授专门讲如何打造学校校园文化。当时我正在苦思冥想我们的校训和目标该从哪里着手？带着这一问题我和郑教授从下午下课后讨论到晚上十点多，没有顾得上喝水吃饭，可谓废寝忘食。郑教授建议我们找准立足点，从大家熟悉的地方着手，去找自己的校训和目标，一定要体现文化底蕴和大家容易接受这个方面出发。经她点拨，我的思路豁然开朗。

回校后，我召开行政会议讨论研究校风校训。通过讨论，确定了从校名"三完小"的"三"字着手，发现我们校名"三完小"当初的校名没有实际意义，就是数字"三"、排序"第三"的意思。但在传统文化中，"三"却有非常丰富的意义。孔子云："君子有三立，立德立行立言。"德就是道德修养，行就是行动实践，言就是把好的道德好的行为传播出去。"立德立行立言"指的就是要成为对社会有用的人就要用心做事，做事先做人，做人先立德。2014年3月教育部印发了《关于全面深化课程改革落实立德树人根本任务的意见》，明确指出了要落实"立德树人"工程。我们学校在传承优秀的国学经典时，让三完小每个人都成为儒家的"君子"、现代品德高尚的人。它与教育部落实"立德树人"的根本目标也是一脉相承，与我校追求的目标"做最好的自我"完全吻合，所以我们就把"立德立行，成就自我"定为我们学校的校训。

"德"字是个会意字，由甲骨文演变而来。在甲骨文中，

"德"字的左边是"彳"（chì）形符号，它在古文中是表示道路、亦是表示行动的符号。其右边是一只眼睛，眼睛之上是一条垂直线，这是表示目光直射之意。所以这个字的意思是：直视"所行之路"的方向，遵循本性，这就是"德"。

在讲求"德行"的情况下，我们把校风定位"明德笃行"，就是要全校师生和家长共同理解认同最高的道德标准的要求，并一心一意践行，把中华传统的文化礼仪的要求"诚、信、礼、仪"等落实到行动中成就自我，成为最好的自我。

"德高为师，身正为范"已经根植于每位教育工作者心中，成为教师职业道德的标准，我们的教风就是"正德范行"。三完小的每个孩子在"明德笃行"的校风引领下，在有一群有着"正德范行"教风的教育工作者的教育下成长，我们希望用"尚德健行"学风影响孩子成就自我，都"做最好的自我"。

在当今，核心素养成为落实立德树人目标的一个重要内容。它包括"自主发展、文化基础、社会参与"三个方面，"学会学习、健康生活、人文底蕴、科学精神、责任担当、实践创新"六大素养以及"人文积淀、人文情怀、审美情趣、理性思维、批判质疑、勇于探究、乐学善学、勤于反思、信息意识、珍爱生命、健全人格、自我管理、社会责任、国家认同、国际理解、劳动意识、问题解决、技术应用"十八个基本要点。这已然成为"中国学生发展核心素养"的总体框架，也是学生核心素养所追求的目标。

为此，我们用"德行"文化营造我们的校园文化氛围，围绕"我的礼仪""我的学习""我的实践""我的尚美"四个方面来做文章。新综合楼走廊的墙面以学生创作的有关文明礼仪的书法绘画作品来展示他们的言行举止、文明儒雅；教学楼的走廊楼道的墙面以经典国学、唐诗宋词为主；整个操场墙面以自然人文知识为主，用十二生肖图、二十四节气图体现科技的氛围，运动区四周绘着科学健身图。本学期我们对操场的绿化和美化工作重新打造，按高中低三个不同层次新增35种草本和木本植物：高层种植香樟、水竹、桂树、橡树；中层区种上红花继木、千里香、月季等多年生木本植物；最下面种有紫云英、蝴蝶花、凤仙花等草本植物花卉。每种植物花卉都挂上"介绍牌"，让学生在休憩时观察、认识、探讨，有意识地培养学生对自然科学的兴趣，展示的是"我的学习"版块。综合楼的走廊楼道以积极参与、动手实践的科技、艺术的活动写真为主，展示"我的实践"的经过和结果。操场主打颜色蓝、绿两色，彰显着在绿色环保的环境下，努力成就自我、展示"我的尚美""做最好的自我"的美好愿景和伟大理想。各个教室美化是在"绿色教室"的基础上，倡导"环保教室"。每个教室做到绿色植物、草本花卉、水草鱼类、盆栽盆景、手工制作、绘画剪纸等有机组合，并将种养护工作分配到每个孩子，把观察到的现象和养护工作写成观察日记和养护记录。这样的环境创设让孩子们在实境中享受美发现美创造美，真是一举数得。

老师们都骄傲地说："咱们三完小'麻雀虽小五脏俱全'。"在这个小小校园里，教学设施一应俱全，最重要的是有美丽、有文化、更有老师们的教育热情和对孩子、对教育的爱。这正是应了省里彭教授来校调研时说的一句话"学校'小'就是名校"。

2018年9月

附　录

- 以拳拳之心书写育人华章
- 我的母亲是个小学教师
- 阅读使我快乐

以拳拳之心书写育人华章
——记宜章县教师进修学校附属小学党支部书记范向梅

郴州日报·今日郴州客户端全媒体记者　周慧

通讯员　欧小灵　谢作塘

"选择了讲台,就要担当起教育工作者的使命,培育德才兼备的时代新人,不负党和人民期盼,方能立于天地而无愧。"宜章县特级教师范向梅如是说。

深耕讲台三十多年,范向梅坚持做一个有温度、有厚度、有光度的老师;她提出"做最好的自我"的教育理念,不仅刻在学校老师和家长的心里,更启迪学生不断完善自我,锻炼出展翅飞翔的勇气与力量。

勤勉好学强师能

范向梅担任学校主要领导近二十年,从没离开教学一线。"不抓业务的校长不称职,深入教学一线才能体味教师的辛劳!"于是她一手抓管理,一手抓教研,坚持每学期上一门主课或科学课。期间,她主动申请每期上好一节公开课,写好一篇教学反思,结对一名青年教师。在教研活动中,她以自身的执教技能,唤起全体老师的教研意识。

一次,学校安排她参加县教学比武。此次比赛非常具有挑战性——比赛现场抽签选取内容,其内容是从一年级到六年级12册数学教材中随机选择,在独立封闭的教室里自行备课,一小时后进行赛课。

范向梅凭自己的实力,在这一次教学比武中脱颖而出,在参加片区赛、县级赛、市级赛中都连获冠军。老师们称她"教研管家,教学能手"。

校长要提学识、强师能、与时俱进,成为教研领头雁,功夫全在平时。

她制订了周密的学习计划,除了每周上好自己班的数学课以外,还坚持到其他年级听课,取长补短;系统熟悉小学一到六年级所有教材,把握每个年级的教学目标和重难点,形成了自己独特的教学风格。在节奏紧、难度大的教育教学管理中,她能做到心中有数、手中有技、肚里有能,让老师们刮目相看。

星光不负赶路人,最是奋斗动人心。对教学质量的孜孜以求,让范向梅所教班级的教学质量一直在全校、全县名列前茅,她也逐步成长为业务精湛的资深教师。她的微课《认识几分之一》获湖南省微课大赛二等奖;主持的省级课题《小学数学研究性学习课堂模式的研究》在湖南省教育学会科研成果评比中获二等奖;主持编写的校本教材《国学与乡情》获省级二等奖。她是湖南省特级教师、郴州市首批数学骨干教师、郴州市小教高级评委库成员,获得了"郴州市优秀教师""郴州市芙蓉百岗明星"等荣誉,被宜章县委、县政府两次记三等功。

不落窠臼办教育

2012年至今,范向梅走向学校领导岗位,先后担任宜章县三完小校长、宜章县教师进修学校附属小学党支部书记。

范向梅不但带领学校教职工团队明确了办学目标，还组织教师设计了校徽、校歌，建立校史馆。她构建德行课程体系，把德行课程体系分成三块，即主题性德育活动课程、卓越性班级授课制课程体系和"超市性"潜能体系课程。为了实施主体性德育课程体系，学校还开发出国学与乡情、环保教育、健康教育、文明教育、童心向党的德育课程体系。卓越性班级授课制课程体系是以学科知识和学生综合能力为主，推进学科课程校本化改革，改革课堂教学模式，利用信息技术与学科教学深度融合，打造高效课堂。"超市性"潜能体系课程是为了激发学生兴趣爱好、促进学生特长发展而建设的兴趣班活动课程，学生可根据兴趣自主申报课程，超市化选择。

教师是学校发展的根基。作为校领导，范向梅用思想引领、制度管理、同伴互助的方式推动教师队伍建设。她积极发挥党组织的战斗堡垒作用和党员的先锋模范作用，让优秀的教师成为党员、让党员成为优秀教师；加强师德师风建设，把握教师的思想动态，弘扬主旋律；听取教师呼声、关心教师心身，每年定期召开教代会，修改完善学校管理制度，使学校管理规范化、制度化。她带领全校教师走上科研兴校之路，抓课题研究提升教师科研水平，抓课堂教学改革教学模式，抓科研基地建设培养师生的科学素养，抓试点项目建设带动学校各项工作上台阶。她重视青年教师的培养，实施师徒结对的"青蓝工程"，一大批青年教师在范向梅的关心帮助下成长成才。

因业绩突出，范向梅被评为郴州市教学常规工作先进个人，宜章县校本研训先进个人、实验教学先进个人、教学质量管理优秀校长。她用与时俱进、不断的尝试改革和自我超越印证着这样一句话——"一个好校长就是一所好学校"。

区域交流促发展

2012年以来，宜章县教育局开设"养正讲坛"，范向梅受邀讲课，就学校实施信息化工作的情况向全县中小学校的校长们介绍经验。此后，宜章县教师进修学校每年都会邀请范向梅去为新进教师、学校管理层开展培训、讲座。

担任宜章县三完小校长时，范向梅联合其他城区学校开展党建、教研、德育等多方面的沟通交流，实现城区学校资源共享。与此同时，她积极开展城乡结对帮扶，定期带队深入宜章县黄沙、梅田、赤石、一六、笆篱、白石渡、浆水、麻田等多个乡镇开展送课送教活动，让乡镇学校教师获益匪浅。

为了进一步推进城乡教育资源均衡发展，让更多的乡村教师受益，她利用城区学校的教育信息建设优势，依托湖南省信息化示范校平台，组成德育宣讲、课堂改革、学校管理授课团队，开通"名师直播课堂"，将城区学校的工作经验通过网络平台面向全县教育系统进行分享。

冰心说："成功之花，人们只惊艳它现实的明艳，却不知道当初它的芽儿浸透了奋斗的血雨。"

时代轮替中，始终不变的是教育工作者勤勉奋斗的身姿。走过绿茵花溪，踏过沟壑泥泞，范向梅不负热爱，无畏追梦，在"办好人民满意教育"的崭新征程中，披荆斩棘，行歌万里。

2023年9月

我的母亲是个小学教师

吴奇珍

如果不是我的母亲突然决心要出一本书，还说一定要我写几句话凑个数，我估计至少还要二十年才会思考做这样的事。但现在赶鸭子上架了，也只能诚惶诚恐接下这个任务。于是我开始思考，以一个同样在教育界工作的女儿的身份，我应该写些什么。思考良久后决定浅谈一下我眼中的范向梅女士作为母亲，和她作为教育者前辈是怎样的形象。

作为一个教师家庭成长起来的人，我常听到这样的戏言："教师家庭的孩子大都不会再愿意当老师。"很多年以来，我确实是这么认为的，因为我从小就被范女士的学生分走了太多来自母亲的关注。即便在那个教师的下班时间不会被手机里的工作占用的年代，范女士也是没有空闲每天为我修正作业的。幸而我的成长过程还算令人省心，也算变相为范女士的教育事业添砖加瓦了。当然，这并不意味着范女士是一名不称职的母亲，我尚算顺风顺水的人生大部分得益于她的言传身教。毕竟我的小学阶段是在几乎所有能接触到的学长学姐和老师对我母亲的敬佩和称赞中度过的。"做最好的自我"是我从范女士身上学到的最令我受益的习惯。

大众的想法往往具有盲目性，比如想当然地认为教师就天然地通晓该如何教育子女，但范女士作为母亲的成长之路觉醒得远远没有她作为教师那么顺利。在我的母亲成为一所学校的管理者之前，她已经是一名早已成熟的教师了。这恰好发生在我的青春期阶段，她有了剩余的精力来关注我成长的方方面面。这种关注，连近六十公里的长距离都无法削弱。在她的要求下，我们每天保持电话沟通 20 分钟以上。而由于她已经无法手把手指导我的学业，于是我们的沟通内容在聊尽了生活琐事之后，只能开启母女间的辩论。这种辩论，往往充斥着女性天然的对往事细节的深刻印象，以及青少年初生牛犊不怕虎的锐气，也让我母亲开始主动探索与青少年的相处之道。窃以为，这种天马行空的观点输出着实激发了范女士一些教书育人的思考和灵感，也开启了她作为一名教育者，从专精于"术"到追求"道"的转变。

范女士作为一名教育者，无疑是高于及格线的，不然也不会有这部《师心·师情·师魂》作品的诞生。本人作为一名高校工作者，育人对象年龄层次和日常工作方式与我母亲可谓差异巨大，但通读此书仍觉受益匪浅。范女士作为学校管理者这十余年的成长速度，也是令我瞠目的。要知道，在她竞聘校长成功的初期，作为数学老师的她对管理工作仅仅停留在完成她范围内的任务。现下，仅靠凝练这数年成果，就已经可以自成体系。

范向梅女士于我而言，是各种意义上的教育启蒙者。我从她身上看到了客观存在且唾手可得的"师心""师情""师魂"，能成为范女士的女儿，我很荣幸！

希望翻开这本书的你同样也能有所受益。

2023 年 3 月

（作者工作单位：湘南学院）

阅读使我快乐

宜章教师进修学校附属小学四年级　李畅

从读一年级开始，每天晚上做完作业，妈妈便陪着我读故事书。从开始读一段到后来读一篇。妈妈每天都监督我，不让我有偷懒的机会。

每到周六上午，妈妈便带我来到书店看书。妈妈拿着一本书坐在那读得津津有味，也不管我，任我在书店里转来转去。就这样，妈妈每个星期都带我去书店看书。我从开始的坐不住到现在一看就是一上午。这个习惯从一年级一直坚持到现在。

有一次，姐姐的几个同学来我家里玩，她们坐在阳台上有说有笑，可开心了。姐姐怕我会打扰她们的谈话，便从书架上找了一本《成语故事》递给我说："这本书很有趣，你自己先看一下，等会儿我陪你玩。"我翻开书，瞬间被书中一个个简短而又有趣的故事吸引了，如痴如醉地读了起来，以至于姐姐的同学什么时候走的，我都不知道。此后，我更爱阅读了。

阅读增添了我的表达欲望，老师讲课时，我都能快速地回答。我的好朋友都很羡慕我，问我是怎么做到的？我每次都发自内心地感谢我的妈妈和姐姐，是她们让我爱上了阅读。现在，我都是主动地学习，在阅读中收获更多知识。

在书中，你可以让思维自由驰骋，天马行空。不开心的时候，读一会儿书，书中的故事让你哈哈大笑，烦恼烟消云散；失落的时候，读一会儿书，书中的故事会陪着你，让你不会再孤单；闲来无事，读一会儿书，书中的故事会让你的生活变得充实。

2023 年 3 月

后　记

我出生在奇秀的莽山脚下——宜章县笆篱镇。一路走来，在教师岗位上坚守了34年。回首来时的路，我要感恩伟大的时代，感谢影响我、激励我、成就我的家人、领导和同事。特别是我的《师心·师情·师魂》能够顺利成书，得到了很多专家、老师的指导，凝结了我身边所有人的智慧和心血。

每个人，即使再平凡，都有属于自己的故事和梦想。我也一样。我现在生活的大家庭可谓是教育之家：我的父亲，我家四姊妹，还有我的女儿都是老师。有教幼儿园的，有教小学的，有教中学的，还有教大学的。逢时过节大家聚在一起，张口闭口谈的都是教育的话题，而且几十年不变。

我之所以成为一名教师，要得益于父亲的影响和教诲。我年幼时，父亲是我们乡里学校的民办教师，他工作很卖力，爱生如子，后来依靠党的好政策转了正。在我们当地，父亲虽不为官，也不为富，但他却有极高的威望，我从他身上看到了一个教育人的幸福与尊严。因此，初中毕业后，我毅然决然选择了师范，立志像父亲一样当一名教师。还记得2012年我竞聘上岗，担任学校的负责人，年已退休的父亲却一而再、再而三叮嘱我："向梅呀，当校长可不比当老师，老师管一个班的孩子，校长管整个学校。

老师没当好，影响几十个家庭，可校长没当好，影响的是千家万户！凡事不可懈怠，要有责任心。"父亲的谆谆教诲，一直敲响我的耳鼓，我永远铭记于心。

我始终认为，我的幸福和快乐来自我的教师岗位。从师范毕业到现在，我已在三尺讲台站了34年。从一名普通中师生成长为特级教师，从教师岗位走上学校管理岗位，在教育之路上的不断耕耘成就了我人生的宽度与厚度。无论在何时何地，我都矢志不渝地恪守一线讲台，管理岗位是组织任命的，而教师职业却是自己一生的无悔选择。我乐意跟学生待在一起，我喜欢孩子们身上童贞、童趣，和孩子们在一起，总有一股幸福的源泉汩汩有声。这是一种多少钱都买不到的享受和快乐。

做好一份职业，成就一番事业，背后总有一批默默付出的人。我想借此机会感谢我的爱人和女儿，他们的支持和理解给了我无穷的力量和坚定的信心。我的爱人是一名普通的农技员，至今我还记得他常说的话："我种的是树，你育的是人。虽然工作性质不同，但都是服务性行业，都要服好务。种树的，总希望果实累累，瓜果满园；你是辛勤的园丁，为祖国培育花朵，为国家培养栋梁，责任大如天。"为了让我全身心投入教学，他从不生气，任劳任怨，屋里屋外的大事小情一肩挑。今年，正好是我们结婚三十年，我想留住一些过往，和满天星星样的哲思，凝成一卷《师心·师情·师魂》，作为珍珠婚的礼物，赠给相濡以沫的爱人。

我的女儿一向乖巧懂事，从她成长的点滴，我获得了教育灵感。在陪伴她的日子里，我养成了思考的好习惯，领悟了一个家庭对孩子成长的重要性。因此，我总想做大做好家庭教育这篇文章。言教不如身教，我时时刻刻以自身作为榜样来影响孩子。孩子果真也不负众望，硕士研究生毕业后，考入一所大学任教，和我一样成了一名教育工作者。女儿得知我想把自己的教育点滴结成集子的想法后，她很赞同，并鼓励我要厚积薄发，为后起之秀提供更多的蓝本，抑或宝贵经验。

我的职业成长离不开县三完小及我的同事们。我这次收集的很多稿件，凝聚了同事们的智慧和心血。我忘不了那些深耕细作的日日夜夜，他们一直与我同心同向同步，想我之所想，急我之所急，生活与共，工作与共，荣辱与共。尽管很累，但快乐着，每个人都在做最好的自我，也成就了我之自我。

同时，在此一并感谢在我成长过程中给予很多帮扶的、数不清的领导、专家、朋友们！虽然未能一一点名，但我都铭记于心。

凡是过往，皆为回忆，更是序章。看着这本书，我总能想起自己教育生涯中的点点滴滴，一切好像就在昨天。感恩大家的付出，也感恩自己的收获，更感恩"教育就是一棵树摇动另一棵树，一朵云推动另一朵云，一个灵魂唤醒另一个灵魂"的无限未来。